Student Activities Manual

W9-CET-745

Interaction

Langue et Culture

Huitième édition

Cahier d'activités orales et écrites

Susan St. Onge
Chistopher Newport University

Ronald St. Onge
College of William and Mary

Jocelyne Morel-Brant
George Washington University

HEINLE
CENGAGE Learning

Australia • Brazil • Japan • Korea • Mexico • Singapore • Spain • United Kingdom • United States

For product information and technology assistance, contact us at **Cengage Learning Customer & Sales Support, 1-800-354-9706**

For permission to use material from this text or product, submit all requests online at **www.cengage.com/permissions** Further permissions questions can be emailed to **permissionrequest@cengage.com**

ISBN-13: 978-1-4282-6319-2
ISBN-10: 1-4282-6319-5

Heinle
20 Channel Center St.
Boston, MA 02210
USA

Cengage Learning products are represented in Canada by Nelson Education, Ltd.

For your course and learning solutions, visit **www.cengage.com**

Purchase any of our products at your local college store or at our preferred online store **www.ichapters.com**

Printed in the United States of America
1 2 3 4 5 6 7 13 12 11 10 09

Table des matières

Chapitre 1
Le commerce et la consommation

Activités orales

Pour mieux comprendre

 CD1-2

Pour préparer un repas. Ecoutez attentivement la conversation entre Marc et Anne-Marie, son amie française, puis faites les exercices suivants. Vous pouvez écouter la conversation plusieurs fois, si cela est nécessaire.

A. Compréhension générale. Cochez (✓) la réponse correcte aux questions suivantes.

☐ oui	☐ non	1. Est-ce que Marc va inviter Anne-Marie à déjeuner?
☐ oui	☐ non	2. Est-ce que Marc sait bien faire la cuisine?
☐ oui	☐ non	3. Ils vont dîner chez Anne-Marie?
☐ oui	☐ non	4. Anne-Marie est enthousiaste?
☐ oui	☐ non	5. Est-ce qu'ils vont faire leurs provisions à l'épicerie?
☐ oui	☐ non	6. Est-ce qu'ils vont commencer par une quiche?
☐ oui	☐ non	7. Est-ce qu'ils vont boire du vin rouge avec le repas?
☐ oui	☐ non	8. Est-ce que Marc va servir des haricots verts?
☐ oui	☐ non	9. Est-ce qu'ils vont manger un gâteau au dessert?
☐ oui	☐ non	10. Est-ce que Marc refuse l'aide d'Anne-Marie?

B. Choisissez la bonne réponse. D'après cette conversation, choisissez la bonne réponse pour compléter les phrases suivantes.

1. Le dîner va être (excellent / mémorable / rapide / sur le pouce).

2. Marc et Anne-Marie achètent leurs provisions (à l'épicerie / à la boucherie / au supermarché / à la boulangerie).

3. Ils vont manger (une soupe de tomates / une omelette au jambon / du poulet rôti / des haricots).

4. La préparation du repas est (compliquée / longue / originale / simple).

5. Marc et Anne-Marie sont (Canadiens / végétariens / enthousiastes / désagréables).

C. Compréhension détaillée. Ecoutez la conversation encore une fois. Complétez les phrases suivantes pour résumer les détails les plus importants du dialogue.

1. Marc invite Anne-Marie à _____.

2. Pour commencer, Marc va préparer _____

   _____.

3. Ensuite, ils vont manger _____

   _____.

4. Ils vont boire *(to drink)* du _____.

5. Marc et Anne-Marie vont aller _____.

D. Repérage grammatical. Voici plusieurs formes verbales entendues au cours de la conversation précédente. Pour chacune des phrases suivantes, cochez le temps des formes verbales correspondant.

	Présent	Futur proche
1. Je vais t'inviter.	_____	_____
2. Je ne résiste pas.	_____	_____
3. Le dîner va être mémorable.	_____	_____
4. J'ai besoin de provisions.	_____	_____
5. Nous allons manger de la quiche.	_____	_____
6. J'ai justement une bouteille de vin.	_____	_____
7. Je vais aussi préparer un poulet rôti.	_____	_____
8. Nous allons au supermarché!	_____	_____
9. Je vais t'aider.	_____	_____
10. Je ne refuse pas.	_____	_____

E. A vous! Utilisez le futur proche des verbes entre parenthèses pour compléter les phrases suivantes.

1. Est-ce que Marc _____ la cuisine? (faire)

2. Marc dit: «Nous _____ un dîner mémorable.» (faire)

3. Il ajoute *(adds)*: «Je _____ un grand repas!» (préparer)

4. Est-ce que le repas de Marc _____ traditionnel? (être)

5. Est-ce qu'ils _____ par une soupe? (commencer)

🔊 CD1-3

F. Un petit test sur l'alimentation. Vous allez entendre des séries de mots. Pour chaque série, écrivez le mot qui n'est pas logique.

MODELE   Vous entendez: les pêches, les fraises, les pommes, les poivrons
                Vous écrivez: *les poivrons*

1. _____   5. _____

2. _____   6. _____

3. _____   7. _____

4. _____   8. _____

A vous la parole!

🔊 CD1-4

G. Qu'est-ce que vous aimez? Vous parlez avec un(e) ami(e) de ce que vous aimez manger et des endroits *(places)* où vous préférez faire les courses. Pour chaque groupe d'éléments, dites si vous aimez bien ou si vous détestez la catégorie correspondante.

Catégories: la charcuterie, les légumes, les fruits, les produits laitiers, le pain, les pâtisseries, les grandes surfaces, les commerces de proximité, les hypermarchés

MODELE   Vous entendez: Vous aimez les magasins comme Super Walmart et Costco?
                Vous dites: *Oui, j'aime bien les hypermarchés.* ou *Non, je déteste les hypermarchés.*

(Numéros 1 à 8)

🔊 CD1-5

H. Les expressions idiomatiques. Corinne n'a pas toujours de bonnes habitudes quand elle fait ses achats. Utilisez l'expression idiomatique appropriée pour compléter chaque phrase.

Expressions: acheter des choses sur un coup de tête, faire son marché, payer en espèces, manquer de temps, bien aimer, faire des économies

MODELE: Vous entendez: Corinne achète souvent des choses qu'elle n'avait pas l'intention d'acheter.
                Vous complétez: Elle *achète des choses sur un coup de tête.*
                Vous dites: *Elle achète des choses sur un coup de tête.*

1. Elle _____.

2. Corinne _____.

3. Corinne est obligée *(obligated)* de _____.

4. Voilà une chose que Jean va _____!

5. Pour aller au marché, elle va _____.

CD1-6

I. Faire les courses. Beaucoup de Français préfèrent encore acheter leurs produits alimentaires dans les magasins du quartier plutôt que dans les supermarchés. D'après la liste de commerces proposés, indiquez où on peut acheter les produits suivants.

Commerces: la boucherie, la boulangerie, la charcuterie, la crémerie, l'épicerie, la pâtisserie

    MODELE   Vous entendez: du beurre

                Vous dites: *On achète du beurre à la crémerie.*

(Numéros 1 à 10)

 CD1-7

J. Les préférences. En préparation pour le dîner français, vous prenez des notes sur les goûts et les préférences de chacun des invités. Faites une phrase complète pour dire leurs préférences.

    MODELE   Vous entendez: Est-ce que Paul préfère le bœuf ou le jambon comme viande?

                Vous lisez: Paul / préférer / le bœuf

                Vous dites: *Paul, il préfère le bœuf comme viande.*

1. Solange / préférer / le jambon
2. Gustave / adorer / les aubergines
3. Richard et Marthe / détester / le chou-fleur
4. Claudine / détester / les oignons
5. D'habitude, Vincent / commander / des pommes de terre
6. D'habitude, Lisette et Sylvie / commander / du poisson
7. Eugène / acheter rarement / de l'eau minérale
8. Corinne et André / manger / très peu de pain

 CD1-8

K. Le dîner français. Votre classe décide de préparer un dîner français et vous êtes responsable de l'organisation. Assignez à chacun sa tâche d'après l'information donnée. Utilisez l'impératif.

    MODELE   Vous lisez: Louise

                Vous entendez: acheter du fromage

                Vous dites: *Louise, achète du fromage!*

1. Monique et Simon
2. Yves
3. Georges
4. votre professeur
5. Chantal et Maurice
6. Marguerite

CD 1-9

Proverbe

Vous allez entendre un proverbe de Molière, un grand dramaturge français du 17ème siècle. Choisissez la phrase qui explique le sens de ce proverbe.

Il faut manger pour vivre *(to live)* et non pas vivre pour manger. (Molière, *L'Avare*)

a. Il est utile de manger beaucoup.

b. Plus on mange, mieux on vit *(lives)*.

c. Il faut manger modérément pour bien vivre.

d. Le plaisir de vivre, c'est de manger.

 CD1-10

Francophones en direct

Le couscous marocain. Ecoutez l'interview suivante dans laquelle Nezha parle du couscous marocain. Vous pouvez écouter la conversation plusieurs fois, si cela est nécessaire. Ensuite, indiquez si les phrases suivantes sont vraies **(V)** ou fausses **(F)**.

_____ 1. Nezha aime beaucoup le couscous marocain.

_____ 2. Il n'y a pas de viande dans la recette de Nezha.

_____ 3. On prépare le couscous avec des courgettes, des carottes et d'autres légumes.

_____ 4. La recette est pour 4 personnes.

_____ 5. Il faut une heure et demie pour préparer le couscous.

_____ 6. On mange le couscous avec la main droite.

_____ 7. On boit *(drinks)* du café avec le couscous.

Vocabulaire utile[1]
mouton *lamb*
navets *turnips*
citrouille *pumpkin*
fèves *broad beans*
chou vert *cabbage*
pois chiches *chickpeas*
épices *spices*
gingembre *ginger*
cuire *to cook*
marmite *stew pot*
sentir *to smell*

[1]Review these words before listening to the interview. They will help you better understand the conversation.

CD1-11

Prononcez bien!

La syllabation

Il y a une différence entre la syllabation graphique (à l'écrit) et la syllabation phonique (à l'oral).

La syllabation graphique

Lorsqu'on épelle un mot ou lorsqu'on doit en séparer les syllabes à l'écrit, certaines règles s'appliquent.

1. Une syllabe graphique est composée d'au moins une voyelle ou une voyelle composée.

   MODELES   m<u>e</u>r   m<u>è</u>/re   m<u>ai</u>/re

2. Une syllabe graphique est composée généralement d'une consonne et d'une voyelle.

   MODELE   fa/ri/ne

3. Une syllabe graphique peut être composée d'une seule voyelle au début d'un mot.

   MODELE   <u>é</u>/prou/ver

4. La consonne finale d'un mot fait partie de la dernière syllabe.

   MODELE   ya/our<u>t</u>

5. Quand il y a deux ou plusieurs consonnes, on coupe avant la dernière consonne.

   MODELES   con/so<u>m</u>/<u>m</u>a/teur   i<u>n</u>s/<u>t</u>an/ta/né

 CD1-12

A votre tour!

A. Découpez ces mots en syllabes graphiques et comptez-les.

1. acheter
2. pâtisserie
3. charcuterie
4. habillement
5. artisanat
6. mondialisation
7. litre

Nom _____ Date _____

 CD1-13

La syllabation phonique

Une syllabe phonique est un son dont le noyau est une voyelle.

1. Une syllabe phonique peut n'avoir qu'un son vocalique.

   MODELE   eau [o][2]

2. Les syllabes écrites ne correspondent pas nécessairement aux syllabes orales. Le **e** à la fin d'un mot est normalement muet; de même, la lettre **e** à l'intérieur d'un mot est parfois muette. (Voir **Prononcez bien!,** Chapitre 2.)

   MODELES   pâ/tes (deux syllabes écrites)
   pâtes [pɑt] (une syllabe orale)
   bou/lan/ge/rie (quatre syllabes écrites)
   boulangerie [bulɑ̃ʒʀi] (trois syllabes orales)

3. Les voyelles **i, u** et **ou** suivies d'une autre voyelle ne forment généralement qu'une syllabe orale.

   MODELE   promotion (trois syllabes orales)

 CD1-14

A votre tour!

B. Ecoutez attentivement les mots suivants. Pour chacun des mots, écrivez le nombre de syllabes orales que vous entendez.

1. acheter

2. pâtisserie

3. charcuterie

4. habillement

5. artisanat

6. mondialisation

7. litre

[2]Les symboles entre crochets [ ] représentent la transcription phonétique de mots ou de sons. Ces symboles sont souvent utilisés dans les dictionnaires, immédiatement après l'entrée (le mot).

Activités écrites

Structures et vocabulaire actif

🔊 CD1-15

Dictée

Dialogue. Anne-Marie explique à Marc l'importance des marchés en plein air en France. Vous allez entendre le passage suivant trois fois. La première fois, écoutez simplement, la deuxième fois, écrivez et la troisième fois, vérifiez attentivement votre texte.

_____

_____

_____

_____

_____

_____

_____

_____

_____

_____

_____

A. Au supermarché. Complétez les paragraphes suivants par la forme convenable des verbes entre parenthèses.

De nombreux Français (1) _____ (acheter) les produits de base au supermarché, mais ils

(2) _____ (préférer) acheter le pain, la viande et les produits de qualité chez les petits commer-

çants. C'est samedi après-midi et nous (3) _____ (accompagner) la famille Dumont à Carrefour.

D'abord, nous (4) _____ (chercher) une place sur le parking et ensuite nous

(5) _____ (trouver) un chariot. Nous (6) _____ (entrer) dans l'hypermarché Car-

refour et les enfants (7) _____ (chercher) tout de suite le rayon où on (8) _____

(acheter) des boissons comme l'Orangina et le Coca. M. Dumont (pousser) (9) _____ le chariot

pendant que sa femme (10) _____ (jeter) des paquets dedans. Ils (11) _____

(acheter) des provisions comme du fromage, des produits en boîte, de la farine, de l'huile. Les Dumont

(12) _____ (manger) souvent de la viande accompagnée de légumes, le tout suivi d'un plateau de

fromages. Ils n'(13) _____ (oublier) pas d'acheter des fruits, et les enfants

(14) _____ (demander) toujours quelques pâtisseries.

Enfin, le chariot est plein. Ils (15) _____ (passer) à la caisse où ils (16) _____

(payer) par carte de crédit, car ils (17) _____ (posséder) une Carte Bleue. Ensuite, ils

(18) _____ (apporter) les provisions à la voiture dans les petits sacs en plastique qu'on

(19) _____ (donner) aux clients. La famille Dumont (20) _____ (rentrer) et tout

le monde (21) _____ (porter) les provisions jusqu'à l'appartement au troisième étage. Comme

demain c'est dimanche et que les grands-parents (22) _____ (dîner) toujours avec eux ce

jour-là, toute la famille (23) _____ (aider) à préparer un bon repas.

B. Le marché Kermel. Complétez les phrases suivantes sur le marché Kermel en mettant la forme convenable de **faire, être, avoir** ou **aller.**

1. Le marché Kermel _____ en plein air et les Sénégalais y _____ leurs achats quotidiens.

2. Les touristes _____ très nombreux et ils _____ souvent des souvenirs à acheter.

3. Les objets à vendre n' _____ pas de prix fixe et _____ souvent trop chers.

4. Quand nous _____ du marchandage, nous _____ de meilleurs prix.

5. Si vous _____ à ce marché, _____ prudent avec votre argent!

6. Moi, je _____ toujours prudent. Je _____ très attention aux prix.

7. C'est pour ça que je _____ au marché Kermel quand j' _____ besoin d'acheter mes provisions.

8. Quand tu _____ tes courses, est-ce que tu _____ au marché?

C. Le début du semestre. Ecrivez trois phrases pour chacune des situations indiquées en utilisant la forme convenable d'**aller** suivi d'un verbe à l'infinitif. Choisissez des infinitifs de la liste si vous le désirez.

Expressions: acheter des livres, aller à un concert de rock, dîner au restaurant, écouter de la musique, envoyer un message électronique, faire des courses, inviter des amis, manger avec mes amis, parler avec mon prof, regarder la télévision, téléphoner à mes parents, travailler au laboratoire de langues…

MODELE   Demain matin,...

Demain matin, je vais chercher un job.

Je vais téléphoner à mes amis.

Nous allons déjeuner au restaurant.

1. Demain matin,

   a. _____.

   b. _____.

   c. _____.

2. Le premier jour de classe,

   a. _____.

   b. _____.

   c. _____.

3. Le week-end prochain,

   a. _____.

   b. _____.

   c. _____.

4. Le semestre prochain,

   a. _____.

   b. _____.

   c. _____.

D. Au restaurant. Vous attendez une amie au restaurant. Complétez la conversation suivante entre le serveur et vous en utilisant **voilà** ou **il y a.**

SERVEUR: Bonjour et bienvenue, (1) _____ le menu.

VOUS: Merci beaucoup, qu'est-ce que (qu') (2) _____ comme plat du jour aujourd'hui?

SERVEUR: Regardez, (3) _____ la liste des plats du jour. (4) _____ surtout du poisson. Ils nous arrivent tout frais de la côte!

VOUS: Et comme dessert, qu'est-ce que (qu') (5) _____?

SERVEUR: Eh bien, (6) _____ du gâteau au chocolat vraiment délicieux.

VOUS: Tiens, (7) _____ mon amie qui arrive enfin! Est-ce qu'(8) _____ une autre chaise pour elle?

SERVEUR: Mais bien sûr, tout de suite, (9) _____.

E. Le petit déjeuner. Les habitudes des Français sont très différentes de celles des Nord-Américains au petit déjeuner. Complétez le dialogue suivant entre François et Jim en utilisant l'article approprié, la préposition **de** ou **à** ou les contractions appropriées.

FRANÇOIS: Bonjour Jim, qu'est-ce que tu vas prendre pour (1) _____ petit déjeuner?

JIM: Je voudrais bien (2) _____ tasse _____ café, (3) _____ omelette _____ fromage,

(4) _____ saucisses grillées et (5) _____ toasts avec (6) _____ confiture de fraises.

FRANÇOIS: Et tu vas manger tout cela! Moi, je ne prends pas (7) _____ viande le matin, je n'aime pas man-

ger (8) _____ œufs non plus. Je préfère (9) _____ croissants avec (10) _____ beurre

et un bol (11) _____ café _____ lait bien chaud avec beaucoup (12) _____ sucre.

JIM: Ah bon? Et en France, vous ne prenez pas (13) _____ jus de fruit non plus?

FRANÇOIS: Cela dépend, moi j'aime mieux prendre (14) _____ yaourt _____ fruits. Mais on boit aussi

(15) _____ jus de fruit en France pour les vitamines.

JIM: Est-ce que tu aimes (16) _____ céréales? Aux Etats-Unis on mange beaucoup (17) _____ céréales très variées.

FRANÇOIS: Non, je n'aime pas vraiment (18) _____ céréales, je préfère (19) _____ pain grillé avec

(20) _____ miel. C'est délicieux!

F. Pour être en bonne santé. Un médecin interviewé présente un programme pour aider les étudiants à garder la forme. Complétez le dialogue logiquement avec les expressions de quantité de la liste suivante.

Expressions: assez de, beaucoup de, moins de, pas de, pas mal de, peu de, plus de, trop de

INTERVIEWER: Docteur, que nous recommandez-vous pour être en bonne santé?

MÉDECIN: Voici mes conseils: il faut (1) _____ sommeil, (2) _____ sorties

le soir, (3) _____ télévision, surtout (4) _____ alcool,

(5) _____ tabac et (6) _____ sport.

INTERVIEWER: Et pour l'alimentation, docteur?

MÉDECIN: Je vous conseille (7) _____ sucreries, (8) _____ jus de fruits,

(9) _____ pâtisseries, (10) _____ poisson, (11) _____

légumes frais, (12) _____ matières grasses, et surtout (13) _____

frites. Ce régime vous gardera en bonne santé!

INTERVIEWER: Merci de vos conseils!

G. Les soirées américaines. Vous avez une correspondante en France. Dans sa dernière lettre, elle vous demande de décrire les soirées dans votre pays. En choisissant des mots de la liste suivante, complétez la lettre pour décrire vos soirées à votre amie française. Ajoutez les articles nécessaires.

Mots utiles: amis, bal(s), bière, café, chips, classe(s), Coca-Cola, concert(s), film(s), grandes soirées, hamburgers, match(es) de basket, match(es) de football, pizza, politique, poulet frit, professeurs, salade, sandwiches, soirées en groupe, soirées intimes, spaghettis, steak, surprises-parties, vin

Chère amie,

D'habitude, nous faisons des fêtes le samedi, parce que les autres jours de la

semaine, nous travaillons dur. Quelquefois, nous dînons ensemble et nous mangeons

_____, _____ ou _____, et nos soirées

commencent alors assez tard. Moi, je préfère _____. Ensuite, on se

retrouve chez un ami. Là, on écoute de la musique et on discute _____ et

_____. Si on a faim, il y a _____ ou _____,

et il y a aussi beaucoup _____ et _____. Nous aimons en

particulier _____, mais après une semaine à l'école, on adore toutes les

soirées.

Maintenant, écrivez trois ou quatre phrases supplémentaires pour dire comment vous passez vos soirées avec votre groupe d'amis.

_____

_____

_____

_____

_____

_____

_____

_____

H. Ça fait combien en dollars? Consultez un journal ou utilisez un convertisseur en ligne pour calculer le prix des entrées du menu de la Brasserie Molière. Ensuite, imaginez que vous allez à cette brasserie demain. Écrivez une phrase pour expliquer quelle entrée vous allez choisir et pourquoi.

Brasserie Molière

Les Entrées Froides

Le saumon mariné aux deux citrons et son mesclun de salade	10 €	$ _____
Le saumon fumé de Norvège	11 €	$ _____
Le carpaccio de bœuf à la vénitienne	9,50 €	$ _____
Les asperges vertes de saison sauce moutarde	8 €	$ _____
Le melon de pays, muscat de Frontignan	9€	$ _____

Les Entrées Chaudes

La soupe de poisson, coûtons, rouille, fromage râpé	8,50 €	$ _____
L'escalope de foie gras poêlée sur fondue d'endives, raisins et noix	14 €	$ _____
La tête de veau sauce ravigote	7,50 €	$ _____

Je vais choisir… _____

_____

_____

La rédaction par étapes

Le dîner de gala. Le Club français de votre université organise un concours du meilleur menu pour un dîner de gala. Vous décidez de participer à ce concours.

Etape 1: Mise en train

A. D'abord, réfléchissez à vos goûts et à vos préférences alimentaires. Ensuite, sélectionnez des plats originaux ou exotiques pour la composition de votre menu. Vous pouvez consulter des magazines ou des livres de cuisine disponibles à la bibliothèque ou sur Internet.

B. Ensuite, à partir du vocabulaire actif présenté dans votre manuel, préparez une liste du vocabulaire nécessaire pour composer votre menu. Ajoutez également les verbes utiles pour rédiger votre recette et vérifier l'impératif de ces verbes.

⊕ **C.** Rendez-vous sur le site Web d'*Interaction* pour consulter un exemple de menu du restaurant Le Relais du Corsaire. Notez les verbes utilisés pour donner la recette des différents plats à préparer et lisez avec soin la liste des ingrédients nécessaires. Vous pouvez consulter la traduction pour vous inspirer et pour acquérir le vocabulaire nécessaire.

Etape 2: S'exprimer par écrit

D. Maintenant que votre recherche est terminée et que vous avez la sélection des plats et la liste de vos ingrédients, préparez votre menu et donnez l'explication détaillée de vos recettes en utilisant l'impératif pour tous les verbes utilisés. Bon appétit!

Utilisez les rubriques suivantes dans le **Système-D:**

Expressions: expressing an opinion

Vocabulaire: food, drink, stores

Grammaire: present tense, verb + infinitive, definite and indefinite articles

---

▷ A l'écran

Le commerce et la consommation

A. Préparons-nous. Avant de visionner le segment selectionné pour cet exercice, répondez aux questions suivantes.

1. Aimez-vous faire la cuisine? Expliquez votre réponse.

   _____

   _____

2. Quel(s) genre(s) de restaurant(s) et quel(s) type(s) de cuisine aimez-vous?

   _____

   _____

3. Quels sont vos plats favoris quand vous dînez au restaurant?

   _____

   _____

4. Quel repas de la journée préférez-vous? Expliquez-en les raisons.

   _____

   _____

5. Aimez-vous écouter de la musique en prenant vos repas? Dites pourquoi.

   _____

   _____

Vous avez compris?

B. Vrai ou faux? Après avoir regardé le segment vidéo au moins deux fois, indiquez si les affirmations suivantes sont vraies (**V**) ou fausses (**F**).

_____ 1. Le projet d'Elodie est pour le mois prochain.

_____ 2. Le sujet de ce projet est libre.

_____ 3. Le CD a été envoyé par Madame Legendre.

_____ 4. Il s'agit de cuisine sénégalaise.

_____ 5. Guy Martin a eu une idée fabuleuse.

_____ 6. Elodie ne veut pas imiter cette idée exactement.

_____ 7. Elodie aime la musique.

_____ 8. Julien est impressionné par Elodie.

_____ 9. Elodie ne fait pas de recherches sur Internet.

_____ 10. Elodie interroge des chefs cuisiniers.

C. Questions. Regardez à nouveau le segment vidéo et répondez aux questions suivantes par une phrase complète.

1. Quelle est l'idée géniale d'Elodie pour son projet?

   _____

2. Comment trouve-t-elle l'inspiration pour ce difficile projet au sujet libre?

   _____

3. Quel exemple original va-t-elle suivre pour son projet?

   _____

4. Quelles questions a-t-elle posées aux grands chefs cuisiniers qu'elle a rencontrés pour faire ses recherches?

   _____

5. Selon le deuxième chef interrogé, est-ce que les clients sont toujours contents de la nourriture au restaurant?

   _____

D. A vous la parole! Répondez aux questions suivantes selon votre expérience personnelle.

1. Quelles sont les sources d'inspiration pour les deux chefs qu'Elodie rencontre?

   _____

2. A votre avis, est-il plus important d'avoir de l'expérience ou de l'imagination pour un chef cuisinier? Expliquez pourquoi.

   _____

   _____

3. Quelle est votre définition d'un bon restaurant?

   _____

   _____

4. Préférez-vous la cuisine exotique ou la cuisine traditionnelle? Expliquez pourquoi.

   _____

   _____

5. Etes-vous d'accord avec le proverbe: «Il faut manger pour vivre et non vivre pour manger»? Donnez vos raisons.

   _____

   _____

Chapitre 2
Modes de vie

Activités orales

Pour mieux comprendre

🔊 CD1-16

Philippe prépare le bac. Ecoutez attentivement la conversation entre Philippe et Marc puis faites les exercices suivants. Vous pouvez écouter la conversation plusieurs fois, si cela est nécessaire.

A. Compréhension générale. Cochez (✓) la réponse correcte aux questions suivantes.

☐ oui ☐ non 1. Est-ce que Philippe va rencontrer ses amis du lycée?

☐ oui ☐ non 2. Est-ce que Marc veut bien l'accompagner?

☐ oui ☐ non 3. La vie quotidienne de Philippe est bien planifiée?

☐ oui ☐ non 4. Le café est-il un bon lieu pour se détendre?

☐ oui ☐ non 5. Phillippe va-t-il au café tous les jours?

B. Choisissez la bonne réponse. D'après cette conversation, choisissez la bonne réponse pour compléter les phrases suivantes.

1. Philippe va (préparer un examen / dîner avec des amis / faire ses devoirs / se détendre au café).

2. Les jeunes Français (travaillent en groupe / perdent leur temps au café / s'amusent souvent / se retrouvent au café).

3. Quand on prépare le bac, on a besoin de (d') (être raisonnable / boire du café / travailler de temps en temps / une vie tranquille).

4. Philippe aime (perdre son temps / avoir une routine quotidienne / préparer ses examens / descendre au café).

5. Marc pense qu'il est raisonnable de (travailler sans arrêt / fréquenter les restaurants / sortir avec ses amis / se détendre).

C. Compréhension détaillée. Complétez les phrases suivantes pour résumer les détails les plus importants de la conversation.

1. Pillippe va au café _____ fois par semaine.

2. D'habitude, Phillipe va au café après _____.

3. Il aime passer une heure au café avec _____.

4. Phillippe se lève tôt, il travaille et il _____.

5. Phillippe est très discipliné, mais il a besoin de _____.

🔊 CD1-17

D. La terminale. Vous allez entendre une longue conversation entre Sylvie, Vincent et Irène, trois amis qui parlent de la préparation au bac et de leur vie au lycée. Ils ont des habitudes de travail très différentes. Complétez chacune des phrases de façon logique.

1. Pour Sylvie, le bac, c'est la panique parce qu'elle _____.

   a. n'aime pas la chimie   b. a trop de révisions à faire   c. est organisée

2. Vincent lui conseille _____.

   a. une vie plus disciplinée   b. de réviser les maths   c. de dormir beaucoup

3. Irène voit la vie différemment parce qu'elle _____.

   a. ne va pas aux cours   b. prend des notes   c. ne met jamais le nez dans ses bouquins

4. Vincent sait ce qu'il veut faire dans la vie et il veut _____.

   a. redoubler   b. rater son examen   c. avoir une carrière

5. Irène a de la chance parce qu'elle _____.

   a. est débordée   b. ne pense pas à sortir   c. a de bonnes notes

6. Vincent propose à Sylvie de _____.

   a. réviser l'anglais   b. travailler la chimie   c. sortir pour se détendre

7. Irène ne peut malheureusement pas aider Sylvie parce qu'elle _____.

   a. ne comprend rien en anglais   b. va faire du camping   c. préfère travailler seule

8. Sylvie est plus optimiste à la fin de la conversation parce qu'elle _____.

   a. va aller au cinéma   b. donne des conseils   c. est soulagée

9. Irène est la moins sérieuse des trois pour une raison: _____.

   a. elle aime patiner   b. elle est bonne en français   c. elle travaille peu

10. Vincent et Sylvie se mettent d'accord pour _____.

   a. travailler ensemble   b. s'amuser ensemble   c. aller aux cours ensemble

🔊 CD1-18

E. La France et l'Amérique. Ecoutez attentivement la conversation suivante entre Béatrice et Christine. D'après cette conversation, indiquez si les affirmations suivantes sont vraies (**V**) ou fausses (**F**).

_____ 1. Béatrice suit un cours de civilisation française.

_____ 2. Béatrice ne veut pas finir son exposé.

_____ 3. Béatrice se rend compte que ce travail est difficile.

_____ 4. Christine connaît bien le système américain.

_____ 5. En France, le bac est le même dans toutes les régions.

_____ 6. Tous les étudiants aux Etats-Unis passent l'équivalent du bac.

_____ 7. Aux Etats-Unis, il est facile d'entrer à l'université.

_____ 8. Les étudiants français ne s'inquiètent jamais.

_____ 9. Les étudiants américains doivent se débrouiller pour trouver une université.

_____ 10. Béatrice comprend bien les explications de Christine.

A vous la parole!

🔊 CD1-19

F. Repérage lexical. Dans la conversation de l'activité E, Béatrice et Christine utilisent les expressions de la liste suivante. Réutilisez ces expressions en choisissant celle qui convient pour compléter chacune des phrases suivantes, puis répétez-les avec la bonne intonation.

Expressions: un exposé, un cours de civilisation, depuis longtemps, aux Etats-Unis, se rendre compte, se présenter à, recevoir un diplôme, se débrouiller, s'inquiéter, avoir raison

MODELE	VOUS ENTENDEZ: Les bouquins ne répondent pas vraiment à _____.
	VOUS COMPLÉTEZ: *Les bouquins ne répondent pas vraiment à mes questions.*
	VOUS ENTENDEZ ET RÉPÉTEZ: *Les bouquins ne répondent pas vraiment à mes questions.*

1. Béatrice, tu réfléchis à ce travail _____?

2. Dis-moi, est-ce que tu suis _____?

3. Et, est-ce que tu dois préparer _____?

4. Le système universitaire en France n'est pas comme celui *(that)* _____.

5. Christine, je _____ que je ne trouve pas toutes les réponses dans les bouquins.

6. Si les étudiants réussissent au bac, ils vont _____.

7. Les étudiants en France doivent _____ un examen national.

8. Aux Etats-Unis, pour entrer à l'université, il faut _____.

9. Béatrice, j'ai l'impression que tu as compris et que tu _____.

10. Finalement, les étudiants des deux pays _____ toujours un peu.

CD1-20

G. Un jour comme les autres. Pendant la semaine, les étudiants doivent se lever tôt pour aller en classe et ils suivent une certaine routine matinale. Voici la routine de Béatrice. Utilisez les verbes suggérés pour faire une phrase complète.

    MODELE   Vous entendez: se réveiller tôt
                       Vous dites: *Elle se réveille tôt.*

(Numéros 1 à 9)

 CD1-21

H. Le week-end, c'est autre chose! Pendant le week-end, la routine de Béatrice est un peu différente. Posez des questions avec **est-ce que** et les expressions verbales suggérées pour lui demander des détails de son week-end.

    MODELE   Vous entendez: se réveiller à dix heures
                       Vous dites: *Est-ce qu'elle se réveille à dix heures?*

(Numéros 1 à 10)

 CD1-22

I. Le week-end est-il différent pour vous aussi? Répondez aux questions suivantes par une phrase complète. Vous allez entendre une réponse possible.

    1. Préférez-vous vous lever tôt?

    2. Que faites-vous en particulier pour vous détendre?

    3. Avez-vous besoin de dormir beaucoup?

    4. Vous dépêchez-vous de finir votre travail?

    5. Avez-vous envie de vous habiller différemment?

(Numéros 1 à 5)

 CD1-23

J. L'étudiant typique. Edmond est un étudiant qui essaie d'avoir une vie universitaire équilibrée. Jouez le rôle d'Edmond et répondez aux questions suivantes en utilisant les mots donnés.

    MODELE   Vous entendez: Est-ce que tu te couches de bonne heure?
                   Vous lisez: non / très tard
          Vous répondez: *Non, je me couche très tard.*

1. à sept heures	5. oui
2. oui / beaucoup	6. oui
3. non	7. oui / souvent
4. non	8. oui / la plupart du temps

CD1-24

K. Une attitude négative. Ce matin, vous êtes de mauvaise humeur. Vous dites toujours le contraire de ce que votre colocataire dit. Utilisez les expressions négatives indiquées pour répondre aux questions et commentaires de votre colocataire.

> MODELE   VOUS ENTENDEZ: Il y a beaucoup de monde à la soirée.
>
> VOUS LISEZ: ne... personne
>
> VOUS RÉPONDEZ: *Il n'y a personne à la soirée!*

1. ne... jamais

2. ne... plus

3. ne... pas

4. ne... pas encore

5. ne... rien

6. ne... personne

7. ne... pas

 CD1-25

L. Les expressions idiomatiques. Vous parlez avec vos colocataires Marc et Anne. Posez une question logique après chacun de leurs commentaires. Utilisez une expression idiomatique de la liste dans vos questions.

Expressions: avoir faim, avoir peur, avoir mal à, avoir froid, avoir sommeil, avoir besoin d'aide, avoir lieu

> MODELE   VOUS ENTENDEZ: Qu'est-ce qu'on mange ce soir?
>
> VOUS DITES: *As-tu faim?*

(Numéros 1–6)

 CD1-26

Proverbe

Vous allez entendre un proverbe français. Choisissez la phrase qui explique le sens de ce proverbe.

A chaque jour suffit *(suffices)* sa peine.

a. Tous les jours sont pénibles.

b. Travailler est pénible.

c. On ne peut pas tout faire en un jour.

d. Chaque jour apporte de la peine.

🔊 CD1-27

Francophones en direct

Le mode de vie en Haïti. Ecoutez l'interview suivante avec Patrick qui parle de sa vie en Haïti. Ensuite, indiquez si les phrases suivantes sont vraies **(V)** ou fausses **(F)**.

1. Patrick habite à la campagne.

2. Patrick habite avec sa famille dans une maison individuelle.

3. Patrick se lève tôt les jours de semaine.

4. Après l'école, Patrick aime danser.

5. Patrick ne sort pas en semaine.

6. Les élèves en Haïti étudient beaucoup pour le bac.

7. Les élèves en Haïti restent dans la même salle de classe pour tous les cours.

8. Pendant la récréation, les élèves font différents sports.

9. Pour se détendre, les jeunes Haïtiens aiment regarder la télé.

10. En Haïti, la musique joue un rôle important dans la vie des jeunes.

Vocabulaire utile

Je souhaite *I wish*
les Caraïbes *the Caribbean*
ensemble *together*
en vitesse *quickly*
se bourrer le crâne *to stuff one's head with ideas*

bouger *to move*
un terrain de... *a ... field / court*
envoyer des textos *to text*
un coin *colloquial a place*
partout *everywhere*

 CD1-28

Prononcez bien!

Le e muet [ə]

La voyelle **e** sans accent peut être ou ne pas être prononcée. La chute ou le maintien du **e** dépend de sa position dans la phrase et de son environnement phonétique. Voici quelques règles générales.

A. Le **e** muet n'est pas prononcé:

1. à la fin d'un mot ou d'une phrase.

   MODELE   Les locataires payent le loyer au propriétaire.

2. lorsqu'il est entre deux consonnes.

   MODELES   logement   devoir   maintenant

B. On prononce le **e** muet:

1. lorsqu'il suit deux consonnes.

   MODELES   d'autres activités

2. dans certains mots comme **que** (interrogatif), **dehors** *(outside)* et **le** (pronom).

   MODELES   Que fais-tu?   Je suis dehors.   Voilà mon livre de chimie. Etudie-le bien!

C. Le **e** muet peut être ou ne pas être prononcé:

1. Lorsque plusieurs **e** muets se succèdent, on a tendance à prononcer le premier et à supprimer le second.

   MODELES   —Tu viens?
   —Non, je ne viens pas.

   Je le connais bien.   ou   Je le connais bien.
   Je me couche tôt.   ou   Je me couche tôt.

2. Cependant, dans certains groupes, on préfère garder le second **e** muet.

    MODELES   *Je te* présente Etienne, mon meilleur ami.
                    Tu comprends *ce que* le prof dit, toi?
                    Il va à la bibliothèque *parce que* son ordinateur est en panne.

Remarque importante: La chute ou le maintien du **e** muet dépend en grande partie du niveau de langue utilisé. L'origine du locuteur peut aussi l'influencer.

 CD1-29

A votre tour!

A. Répétez les mots suivants en vous rappelant que le **e** final est muet.

1. délinquance
2. seconde
3. carrière
4. terminale

5. électronique
6. ensemble
7. quotidienne

CD1-30

B. Répétez les phrases suivantes.

1. En ce moment, je ne peux pas aller au cinéma, je n'ai pas le temps.
2. Nous ne pouvons pas entrer automatiquement à l'université.
3. Moi, je ne travaille pas tellement, j'ai de la chance.
4. Une petite promenade, ça me ferait du bien!
5. Ce soir, je me mets le nez dans mes bouquins.

CD1-31

C. Ecoutez les phrases suivantes et indiquez le nombre de syllabes que vous entendez.

	6 syllabes	7 syllabes	8 syllabes
1. Je ne sais pas comment me débrouiller.			
2. Tu as certainement raison.			
3. Je me rends compte de la difficulté.			
4. Elle se peigne les cheveux le matin.			
5. Je reviens la semaine prochaine.			

🔊 CD1-32

D. Utilisez les expressions négatives correspondantes pour répondre aux questions suivantes. Faites tous les changements nécessaires. Portez une attention particulière aux **e** muets.

    MODELE   Est-ce que tu connais quelqu'un dans ta classe?

                    Non, je ne connais personne dans ma classe.

  1. Est-ce que je peux aller au cinéma avec vous?

    Non, _____.

  2. Est-ce que tu as le trac avant un examen quelquefois?

    Non, _____.

  3. Tu veux quelque chose à manger?

    Non, _____.

  4. Est-ce que tu as déjà une voiture?

    Non, _____.

  5. Tu dois encore appeler tes parents tous les jours?

    Non, _____.

🔊 CD1-33

E. Répondez aux questions suivantes par oui ou non, selon votre expérience personnelle. Portez une attention particulière aux **e** muets. Vous allez entendre une réponse possible.

  1. Est-ce que tu t'entends bien avec tes professeurs?

    _____.

  2. Est-ce que tu te sers régulièrement d'un dictionnaire de français?

    _____.

  3. Est-ce que tu te fâches souvent avec tes amis?

    _____.

  4. Est-ce que tes amis se moquent de toi quelquefois?

    _____.

  5. Est-ce que ta famille et toi, vous vous voyez tous les week-ends?

    _____.

Activités écrites

Structures et vocabulaire actif

🔊 CD1-34

Dictée

La famille moderne. Philippe donne à Marc son opinion sur la vie de famille dans notre société moderne. Vous allez entendre le passage suivant trois fois. La première fois, écoutez simplement, la deuxième fois, écrivez et la troisième fois, vérifiez attentivement votre texte.

_____

_____

_____

_____

_____

_____

_____

_____

_____

_____

A. Petit test sur la vie scolaire. Lisez chaque série de mots. Puis, indiquez le mot qui n'est pas logique.

MODELE   le lycée   la terminale   ~~la fac~~   la seconde

1. un exposé   un devoir   un cours   une dissertation
2. un examen   un bouquin   le bac   un diplôme
3. redoubler   rater   se débrouiller   ne pas réussir
4. savoir   croire   recevoir   avoir raison
5. être en retard   se dépêcher   s'en aller   bachoter
6. les informations   le Web   un boulot   le courrier électronique
7. la seconde   l'insécurité   la terminale   le lycée
8. se réveiller   s'habiller   se coucher   se lever

B. Voici une journée typique. Vous essayez de décrire une de vos journées avec vos colocataires. Complétez chaque phrase par la forme convenable du verbe entre parenthèses.

MODELE   Je *me réveille* vers sept heures. (se réveiller)

1. Mes colocataires _____ plus tôt. (se réveiller)

2. Je _____ tout de suite. (se lever)

3. Je _____ vite parce que je suis toujours en retard. (s'habiller)

4. Un(e) de mes colocs _____ toujours avec élégance, mais nous autres,

   nous _____ en jean d'habitude. (s'habiller, s'habiller)

5. Je _____ le soir parce que mes colocs _____ le matin d'habitude.
   (se laver, se laver)

6. Quelquefois on _____ les un(e)s contre les autres. Mais en général, on

   _____. (se fâcher, s'entendre bien)

7. Après dîner, nous _____ un peu; nous _____ très souvent de notre
   journée, par exemple. (se détendre, se parler)

8. Je _____ plus tard que les autres qui _____ vers onze heures.
   (se coucher, se coucher)

9. Le week-end, nous _____. Nous _____ bien ensemble. (se reposer, s'amuser)

10. Mais le lundi arrive toujours trop vite et nous _____ pour notre travail. (s'inquiéter)

C. La vie universitaire. Des élèves de français au lycée vous posent des questions au sujet de la vie universitaire. Répondez aux questions.

MODELE   Tu vends tes livres à la fin du semestre?
          Oui, je vends mes livres à la fin du semestre.
  OU   *Non, je ne vends pas mes livres à la fin du semestre.*

1. Tu choisis tes cours selon tes intérêts?

   _____.

2. Tu attends la troisième année universitaire pour faire des études à l'étranger?

   _____.

3. Tes copains et toi, vous descendez souvent en ville ou préférez-vous rester sur le campus?

   _____.

4. Les autres étudiants et toi, vous réfléchissez souvent à la vie après l'université?

   _____.

5. Tes parents répondent rapidement à ton courrier électronique?

   _____.

6. Tu rends souvent visite à tes parents pendant le semestre?

_____.

7. D'habitude, ton (ta) camarade de chambre finit ses devoirs avant minuit?

_____.

8. Ton (Ta) camarade de chambre et toi, vous vous entendez bien?

_____.

9. Tu dépends de tes parents pour payer les frais de scolarité?

_____.

10. Tu réussis facilement à tes examens?

_____.

D. L'interro. Vous discutez avec un ami de votre programme de travail pour le week-end. Complétez la conversation suivante avec la forme correcte des verbes entre parenthèses.

VOUS: Dis-moi, est-ce que tu (1) _____ qu'il y a une interro lundi? (savoir)

VOTRE AMI: Oui, bien sûr, et comme devoirs, nous (2) _____ réviser les verbes en **-oir.** (devoir)

VOUS: Est-ce que les étudiants de ta classe (3) _____ utiliser ces verbes facilement? (pouvoir)

VOTRE AMI: Non, la plupart du temps, ils ne (4) _____ pas les réponses et ne

(5) _____ pas parler. (savoir / vouloir)

VOUS: Ah oui, je (6) _____. C'est vraiment difficile, mais vous (7) _____ faire

un effort. Est-ce que vous (8) _____ des mauvaises notes? (voir / devoir / recevoir)

VOTRE AMI: Quelquefois, mais nous (9) _____ nous rattraper si nous (10) _____

améliorer nos résultats. Et c'est exactement ce que je (11) _____ faire si je

(12) _____ réussir. (pouvoir / vouloir / devoir / vouloir)

VOUS: Donc, tu ne (13) _____ pas venir avec moi au ciné. (pouvoir)

VOTRE AMI: Je regrette mais je (14) _____ réviser. (devoir)

E. A vous de jouer! Remettez en ordre les questions suivantes.

MODELE   faut / est-ce / beaucoup / pour / qu'il / réussir / travailler
          Est-ce qu'il faut beaucoup travailler pour réussir?

1. toujours / faire / vos / devez / devoirs / vous / immédiatement

   _____

2. faut / se / toujours / il / semaine / coucher / pendant / tôt / la

   _____

3. pas / cinéma / mieux / au / souvent / trop / vaut-il / ne / aller

   _____

4. est-ce / peine / ça / de / la / vaut / longues / faire / études

   _____

5. savent / toujours / les / répondre / ils / aux / étudiants / questions

   _____

F. Ça ne va pas. Vous êtes de mauvaise humeur et ne faites que contredire votre ami(e). Il (Elle) essaie de vous remonter le moral, mais vous n'êtes jamais d'accord. Réagissez à ses commentaires en utilisant au moins cinq des expressions suivantes dans des phrases négatives.

Expressions: ne... jamais, ne... jamais personne, ne... ni... ni, ne... personne, ne... rien, rien... ne...

MODELE   VOTRE AMI(E): Tu as beaucoup d'amis.
                  VOUS: *Non, je n'ai pas beaucoup d'amis.*

VOTRE AMI(E): Tu es de bonne humeur.

      VOUS: (1) Non, _____.

VOTRE AMI(E): Mais tu fais toujours quelque chose.

      VOUS: (2) Non, _____.

VOTRE AMI(E): Il y a toujours quelqu'un qui te téléphone.

      VOUS: (3) Non, _____.

VOTRE AMI(E): Tu as de bons amis et des activités intéressantes.

      VOUS: (4) Non, _____.

VOTRE AMI(E): Quelque chose d'intéressant va arriver aujourd'hui.

      VOUS: (5) Non, _____.

VOTRE AMI(E): Tu aimes tes cours et tes professeurs.

      VOUS: (6) Non, _____.

VOTRE AMI(E): Tu es toujours de mauvaise humeur.

      VOUS: (7) Non, _____.

G. Ce n'est pas toujours le paradis. Les choses ne se passent pas toujours bien entre vos colocataires et vous. Utilisez l'impératif des expressions suivantes pour suggérer ou donner des conseils à un(e) ou plusieurs de vos colocataires.

Expressions: se coucher, se dépêcher, ne pas se fâcher, ne pas faire tant de bruit, s'habiller, ne pas jouer de musique, nettoyer la chambre, se réveiller

MODELE   *Fais la cuisine!*

1. _____

2. _____

3. _____

4. _____

5. _____

6. _____

7. _____

8. _____

H. Depuis quand le faites-vous? Votre nouvelle copine, une étudiante sénégalaise, vous pose des questions sur votre vie. Répondez en utilisant les éléments indiqués, **depuis** et le présent.

MODELE   Depuis combien de temps est-ce que tu habites avec ton (ta) colocataire?
          J'habite avec lui (elle) depuis un mois.

1. Depuis quand étudies-tu le français?

_____

2. Depuis quelle année es-tu à cette université?

_____

3. Depuis quel mois habites-tu dans cet immeuble (cette maison, cette residence...)?

_____

4. Depuis combien de temps aimes-tu la musique (rock, classique, western...)?

_____

5. Depuis quel âge joues-tu du violon (du piano, au tennis, au basket...)?

_____

I. Une famille nombreuse. Complétez cette description d'une famille nombreuse avec les expressions idiomatiques de la liste suivante.

Expressions: avoir l'air, avoir besoin, avoir de la chance, avoir envie, avoir faim, avoir lieu, avoir mal, avoir l'occasion

Mon ami trouve que la vie dans une famille nombreuse est quelquefois difficile. D'abord, il y a toujours quelqu'un dans la salle de bains, et on doit attendre longtemps pour se laver ou se coiffer. Ce sont les personnes qui se lèvent tôt qui (1) _____ parce qu'elles peuvent occuper la salle de bains sans attendre. Le soir, si on (2) _____ de regarder la télé, il est difficile de choisir une émission. C'est à table que la grande réunion de la famille (3) _____ tous les jours. Ce n'est pas souvent qu'on (4) _____ de parler, mais si on (5) _____ et que l'on veut un bon morceau de viande, on ne parle pas trop. Le problème, c'est que si on ne parle pas, les autres vont sûrement penser qu'on (6) _____ triste. En fait, après une journée dans une grande famille, on peut (7) _____ à la tête. Les familles nombreuses (8) _____ donc _____ de grandes quantités d'aspirine.

J. Chez les Dogons. Après avoir relu le texte de votre manuel, choisissez parmi les verbes suivants et donnez la forme correcte pour compléter les phrases.

Verbes: pouvoir, recevoir, devoir, se réunir, se détendre

1. Chez les Dogons, la cour intérieure est l'endroit où les familles _____ leurs invités.

2. La question est de savoir si les Dogons _____ bénéficier *(benefit)* de la technologie moderne sans perdre leurs traditions.

3. Les habitants du village _____ dans un espace public appelé Togu na.

4. Pour éviter les discussions violentes, les villageois _____ rester assis.

5. A la fin d'une dure *(hard)* journée, tous les membres de la famille _____ ensemble dans l'espace de regroupement familial.

Loyer maxi: 500 euros par colocataire (charges non incluses)	**Loyer maxi:** 400 euros par colocataire (charges incluses)	**Loyer maxi:** 450 euros par colocataire (charges incluses)
Date d'entrée souhaitée: 25 février, pour 6 mois	**Date d'entrée souhaitée:** 1er juillet, pour 3 mois	**Date d'entrée souhaitée:** 5 février, pour 6 mois
Nombre de colocataires maxi: 2	**Nombre de colocalaires maxi:** 2	**Nombre de colocataires maxi:** 2
Quartier: Faubourg Saint-Antoine	**Quartier:** boulevard Barbès	**Quartier:** 149, avenue Paul Vaillant Couturier, XIVe arrondissement
Descriptif: duplex, 100m², poutres apparentes, cuisine et salle de bains équipées, baignoire. Métro Bastille à 3 pas, supermarchés à 2 pas, rue de la Roquette et autres animations à 1 pas! Cherchez pas, c'est sympa!	**Descriptif:** appartement 5 pièces de 85 m2 (meublé). L'appart est très sympa, genre vieil immeuble, avec boiserie et parquet. On est quatre filles à y habiter. Il y a quatre chambres, une cuisine aménagée avec lave-linge, une salle de bain (avec baignoire!). Le quartier est cool (supermarché juste en face, métro lignes 4 et 2). Le proprio habite l'édifice.	**Descriptif:** maison 4 pièces de 70 m2 (meublée) quartier calme, grande chambre meublée, cuisine équipée, salle de bains, wc, terrasse de 45m2, possibilité de rentrer le véhicule
*Le colocataire: Giulia, duo, 25 ans, non fumeur	***Le colocataire:** Sylvaine, quatuor, 23 ans, fumeur	***Le colocataire:** Michel, homme, 34 ans, fume rarement
Avec enfant(s): non	**Avec enfant(s):** non	**Avec enfant(s):** oui
Activité: étudiants, adeptes de sports extrêmes	**Activité:** étudiantes en musique et philosophie, actives, adeptes de randonnées	**Activité:** actif, lève-tôt
Avec un animal: oui	**Avec un animal:** non	**Avec un animal:** non
Déjà vécu en colocation: oui	**Déjà vécu en colocation:** oui	**Déjà vécu en colocation:** oui
Quelques mots: L'appartement est au rez-de-chaussée. Vous seriez le 3e coloc': une Italienne, 25 ans, active et un Français, 25 ans, étudiant, habitent déjà l'appart. Ici, pas d'interviews à la chaîne: on se parle au tél et on voit si ça peut coller; ensuite visite... N'appelez pas avant 15 h 30.	**Quelques mots:** Je suis étudiante à Paris, mais pas originaire de Paris. Je cherche à sous-louer ma chambre pour la période de l'été (juillet, août, septembre).	**Quelques mots:** célibataire, un enfant, sérieux, pour tout renseignement me contacter, merci, à plus...

K. A la recherche de colocataires. Imaginez que vous allez passer quelques mois à Paris et que vous voulez partager un appartement. Lisez les trois annonces ci-dessus et choisissez celle qui correspond le mieux à vos besoins. Ensuite, répondez aux questions en utilisant le vocabulaire du chapitre.

1. Quelle annonce allez-vous choisir? Expliquez pourquoi en donnant plusieurs raisons.

_____

_____

_____

2. Pensez-vous que vos habitudes correspondent bien à celles de vos nouveaux colocataires? Donnez des exemples pour expliquer votre réponse.

_____

_____

_____

3. Qu'est-ce qui ne vous intéresse pas chez les deux autres groupes de colocataires?

_____

_____

_____

4. Selon vous, quelle habitation est la plus susceptible d'être cambriolée? Pourquoi?

_____

_____

_____

La rédaction par étapes

Lettre à ma famille d'accueil. Le service d'études à l'étranger de votre université vient de vous annoncer que vous êtes accepté(e) pour un séjour linguistique en France et vous communique l'adresse de votre famille d'accueil. Vous décidez de leur écrire immédiatement pour leur expliquer vos habitudes, vos goûts et vos préférences et aussi pour leur poser plusieurs questions sur leur vie de famille.

Etape 1: Mise en train

A. Vous allez réfléchir à votre mode de vie, à vos habitudes de travail, à votre régime alimentaire quotidien et à ce que vous aimez particulièrement faire pour vous détendre. Vous pouvez consulter des magazines pour jeunes disponibles à la bibliothèque ou chercher des idées d'activités de loisir sur Internet.

B. Ensuite, à partir du vocabulaire actif présenté dans votre manuel, préparez une liste du vocabulaire nécessaire pour écrire le brouillon *(rough copy)* de votre lettre. Essayez de vous présenter de manière originale et intéressante pour que votre famille d'accueil lise cette lettre avec plaisir. Insistez sur vos bonnes habitudes.

C. Rendez-vous sur le site Web d'*Interaction* pour trouver des éléments sur le mode de vie et les loisirs favoris des jeunes Français. Consultez également sur Internet certains sites d'universités pour voir les emplois du temps des étudiants français et les matières étudiées.

Etape 2: S'exprimer par écrit

D. Maintenant que votre recherche est terminée et que vous avez une liste de questions importantes à poser à votre famille d'accueil, vous pouvez rédiger votre lettre en utilisant le style épistolaire et les formules de politesse appropriées.

Utilisez les rubriques suivantes dans le **Système-D:**

Phrases: stating a preference

Vocabulary: leisure, taste, university

Grammer: interrogative forms, negations, reflexive constructions

⏵ A l'écran!

Modes de vie

A. Préparons-nous. Avant de visionner le segment selectionné pour cet exercice, répondez aux questions suivantes.

1. Quelles sont vos priorités quand vous cherchez un logement?

_____

_____

2. Préférez-vous habiter seul(e) ou partager un logement avec un(e) colocataire? Expliquez.

_____

_____

3. Préférez-vous un logement au centre-ville ou en banlieue? Justifiez votre choix.

_____

_____

4. Le budget alloué *(allocated)* à votre logement représente-t-il la partie la plus importante de votre budget? Pourquoi?

_____

_____

5. Est-ce essentiel d'avoir beaucoup d'ordre et de discipline quand on est étudiant? Expliquez.

_____

_____

Vous avez compris?

B. Vrai ou faux? Après avoir visionné ce segment au moins deux fois, indiquez si les affirmations suivantes sont vraies (**V**) ou fausses (**F**).

_____ 1. Olivier s'est fait expulser de son ancien logement.

_____ 2. Olivier veut rester à Paris plus longtemps.

_____ 3. Elodie a trouvé un logement dans le journal.

_____ 4. Le studio est sous les toits.

_____ 5. Le loyer est très élevé.

_____ 6. Le studio est spacieux.

_____ 7. Le quartier offre beaucoup de possibilités pour se nourrir.

_____ 8. Olivier préfère un autre studio qu'il a vu précédemment.

_____ 9. Olivier a une carte de séjour.

_____ 10. Olivier a trouvé le moyen de gagner de l'argent.

C. Questions. Regardez à nouveau le segment vidéo et répondez aux questions suivantes par une phrase complète.

1. Est-il facile de trouver un logement à Paris? Justifiez votre réponse.

   _____

2. Quels sont les avantages du studio qu'Elodie a trouvé?

   _____

3. Quelle bonne nouvelle Olivier annonce-t-il à Elodie?

   _____

4. Pourquoi Olivier peut-il trouver du travail sans carte de séjour?

   _____

5. Qui aide Olivier à obtenir son stage?

   _____

D. A vous la parole! Répondez aux questions suivantes selon votre expérience personnelle.

1. Quelles sont pour vous les méthodes les plus efficaces pour trouver un nouveau logement?

   _____

   _____.

2. A votre avis, comment est le logement idéal? Donnez beaucoup de détails.

   _____

   _____.

3. Quels sont les problèmes possibles entre locataires et propriétaires?

   _____

   _____.

4. Avez-vous hâte *(Are your looking forward)* d'organiser votre vie et de devenir indépendant(e)? Pour quelles raisons?

   _____

   _____.

5. Parfois, il est difficile de quitter la maison familiale. Expliquez et justifiez ce point de vue.

   _____

   _____.

Chapitre 3

La vie des jeunes

Activités orales

Pour mieux comprendre

🔊 CD2-2

Les loisirs des Fouché. Ecoutez attentivement la conversation entre Madame Fouché et Marc puis faites les exercices suivants. Vous pouvez écouter la conversation plusieurs fois, si cela est nécessaire.

A. Compréhension générale. D'après cette conversation, cochez (✓) la réponse correcte aux questions suivantes.

☐ oui ☐ non 1. Marc est-il français?

☐ oui ☐ non 2. Est-ce que les Fouché partent souvent en week-end?

☐ oui ☐ non 3. Est-ce que les Fouché aiment la campagne?

☐ oui ☐ non 4. Est-ce que les enfants Fouché s'ennuient souvent?

☐ oui ☐ non 5. Est-ce que les copains sont importants dans la vie des enfants Fouché?

☐ oui ☐ non 6. Est-ce que le cinéma est leur passe-temps favori en été?

☐ oui ☐ non 7. Est-ce que c'est une famille qui aime passer du temps ensemble?

☐ oui ☐ non 8. Est-ce que les enfants de Mme Fouché aiment faire du sport?

☐ oui ☐ non 9. Est-ce que les enfants Fouché passent le dimanche chez des copains?

☐ oui ☐ non 10. Est-ce que Mme Fouché aime faire du vélo?

B. Choisissez la bonne réponse. Complétez les phrases d'après la conversation.

1. Marc ne sait pas beaucoup de choses au sujet des (écoles / loisirs / transports) en France.

2. M. et Mme Fouché passent souvent le week-end (à leur maison de campagne / en ville / chez des amis).

3. Les enfants des Fouché s'ennuient (assez souvent / de temps en temps / rarement).

4. Le week-end, les Fouché aiment faire (du vélo / des courses / du ski).

5. La distraction favorite de Mme Fouché est de faire (du ski / du tennis / un pique-nique).

C. Compréhension détaillée. Ecoutez la conversation encore une fois. Complétez les phrases suivantes pour résumer les détails les plus importants du dialogue.

1. Marc veut savoir si *(if)* les Fouché _____.

2. Les Fouché aiment aller à _____.

3. En général, les enfants passent le week-end _____.

4. En été, les enfants font _____, et en hiver, ils vont

   _____.

5. Les Fouché aiment _____ et

   _____ le dimanche.

D. Repérage grammatical. Utilisez les expressions suivantes pour compléter les phrases. Faites les changements nécessaires.

Expressions: faire du vélo, faire beau, en général, souvent, de temps en temps

1. J'aime faire un pique-nique quand _____.

2. _____, nous n'avons pas cours le samedi.

3. Les étudiants ont trop de travail _____.

4. Le professeur doit _____ répéter les mêmes règles de grammaire.

5. Nous _____ le dimanche.

🔊 CD2-3

E. Le mercredi de Bruno. Ecoutez attentivement la conversation entre Christine et Bruno puis indiquez si les affirmations suivantes sont vraies **(V)** ou fausses **(F).** Vous pouvez écouter la conversation plusieurs fois, si cela est nécessaire.

_____ 1. Bruno va passer une journée agréable demain parce qu'il ne travaille pas.

_____ 2. Bruno descend en ville pour acheter une moto.

_____ 3. Son copain Félix achète un vélo avec son argent de poche.

_____ 4. Acheter un vélo représente une grosse dépense.

_____ 5. Bruno et Félix vont s'arrêter à la Maison des jeunes.

_____ 6. A la Maison des jeunes, on peut faire du patinage.

_____ 7. Bruno s'ennuie souvent.

_____ 8. Bruno ne prend pas ses loisirs au sérieux.

_____ 9. Pendant son temps libre, Bruno aime bien se reposer.

_____ 10. Dans la famille de Bruno, on aime bien s'amuser.

🔊 CD2-4

F. Les loisirs sont chers! Marc parle des dépenses qu'il faut faire pour certains loisirs. Notez les prix que vous entendez en euros.

1. faire du vélo _____ €

   le vélo _____ €

   un casque *(helmet)* _____ €

2. une entrée au cinéma _____ €

   deux entrées l'après-midi _____ €

   deux entrées le soir _____ €

   du popcorn et deux cocas _____ €

3. un lecteur de disques compacts _____ €

   des disques compacts _____ €

4. une raquette de tennis _____ €

   une boîte de balles de tennis _____ €

5. une planche à voile _____ €

🔊 CD2-5

G. A qui va la bourse? Deux étudiants sont en compétition pour une bourse *(scholarship)* d'études d'un an en Suisse. Ecoutez bien la discussion et notez les points forts de chaque candidat dans le tableau ci-dessous. Utilisez les signes **plus (+), moins (–)** ou **égal (=)** selon le cas.

	Anne	**Daniel**
dynamique		
idéaliste		
organisé(e)		
courageux(-euse)		
sérieux(-euse)		
optimiste		
créateur(-trice)		
impulsif(-ive)		
individualiste		
sportif(-ive)		
être un(e) bon(ne) étudiant(e)		

Maintenant, utilisez vos notes pour répondre aux questions suivantes.

1. Anne est-elle plus dynamique que Daniel?

   _____.

2. Daniel est-il plus sérieux qu'Anne?

   _____.

3. Est-ce que Daniel semble plus optimiste qu'Anne?

   _____.

4. Anne est-elle plus impulsive que Daniel?

   _____.

5. A qui voulez-vous donner la bourse? Pourquoi?

   _____.

   _____.

   _____.

A vous la parole!

CD2-6

H. Les expressions idiomatiques. Vous parlez avec une amie de vos projets de week-end. Utilisez l'expression idiomatique appropriée pour compléter chaque phrase.

Expressions: faire une promenade en bateau, faire du lèche-vitrines, se donner rendez-vous, se balader, faire du vélo, boire un verre

MODELE   VOUS ENTENDEZ: Allons au lac ce week-end!
           VOUS COMPLETEZ: Oui! J'ai envie de *faire une promenade en bateau.*
           VOUS DITES: Oui! J'ai envie de *faire une promenade en bateau.*

1. Ah, oui, on peut _____.

2. Absolument pas! Tu sais que je n'aime pas _____.

3. Allons au café pour _____!

4. Il ne faut pas oublier de _____.

5. Ça te dit de _____?

CD2-7

I. Une interview. Un étudiant d'un autre cours de français doit faire un devoir sur la vie des jeunes de votre région. Répondez à ses questions avec exactitude.

MODELE   VOUS ENTENDEZ: Est-ce que tu aimes le volley?
           VOUS DITES: *Oui, j'aime le volley.*
           ou *Non, je n'aime pas le volley.*

(Numéros 1 à 8)

CD2-8

J. Claude et Claudette. Claude et Claudette sont jumeaux *(identical twins)*. Utilisez l'adjectif que vous entendez au féminin pour décrire Claudette.

MODELE   VOUS ENTENDEZ: Claude est amusant.
                   VOUS DITES: *Claudette est amusante aussi.*

(Numéros 1 à 10)

 CD2-9

K. Pascal veut tout savoir. Utilisez les noms et les adjectifs suivants pour répondre aux questions. N'oubliez pas de faire l'accord des adjectifs et placer les adjectifs au bon endroit.

MODELE   VOUS ENTENDEZ: Comment est cette boîte de nuit?
                   VOUS LISEZ: grand
                   VOUS DITES: *C'est une grande boîte de nuit.*

1. vieux

2. ennuyeux

3. grand

4. sportif

5. bon

6. nouveau

7. intéressant

8. gentil

 CD2-10

L. Vos habitudes. Utilisez les mots donnés pour répondre aux questions.

MODELE   VOUS ENTENDEZ: Dors-tu beaucoup le week-end?
                   VOUS LISEZ: oui / trop
                   VOUS DITES: *Oui, je dors trop le week-end.*

1. oui / toujours

2. oui / souvent

3. non / nulle part

4. non / peu

5. sérieusement

6. oui / constamment

7. gentiment

8. oui / patiemment

CD2-11

Proverbe

Vous allez entendre un proverbe français. Choisissez la phrase qui explique le sens de ce proverbe.

On n'est jamais aussi bien servi que par soi-même.

a. Il est mieux de faire tout soi-même *(yourself)*.

b. Il vaut mieux se servir tout seul.

c. Il est important de servir d'exemple.

d. Il ne faut jamais se servir le premier.

 CD2-12

Francophones en direct

Les jeunes Français. Ecoutez l'interview suivante avec Pierre qui nous parle de la vie des jeunes en France. Ensuite, indiquez si les phrases suivantes sont vraies (**V**) ou fausses (**F**).

_____ 1. Le café joue un rôle très important dans la vie des jeunes Français.

_____ 2. D'après Pierre, les jeunes Français aiment beaucoup parler de la mode et des stars de cinéma.

_____ 3. Les Français vont souvent au cinéma, mais ils n'aiment pas les films américains.

_____ 4. Pierre dîne assez souvent chez des amis.

_____ 5. Pierre et ses amis aiment regarder la télé ou des DVD ensemble.

_____ 6. Le rugby est le sport le plus populaire en France.

_____ 7. Beaucoup de jeunes Français jouent au football et au basket.

_____ 8. Le sport préféré de Pierre est le tennis.

_____ 9. On change d'amis assez souvent en France.

_____ 10. Le meilleur ami de Pierre est intelligent, pratique et courageux.

> **Vocabulaire utile**
> **dès qu'ils sortent** *as soon as they come out*
> **louer** *to rent*
> **télécharger** *to download*
> **au-delà** *beyond*
> **faire partie de** *to be part of*
> **devenir** *to become*
> **un batteur** *a drummer*
> **faire face à** *to face*

CD2-13

Prononcez bien!

Les voyelles nasales

Les voyelles nasales sont opposées aux voyelles orales. Lorsqu'on prononce une voyelle nasale, l'air passe par la bouche et le nez. En français standard, il y a trois voyelles nasales.[1]

Voyelles nasales	Exemples
[ɛ̃]	brin
[ɑ̃]	blanc
[ɔ̃]	blond

Les voyelles nasales [ɑ̃] et [ɔ̃]

La voyelle nasale [ɑ̃] est opposée à la voyelle orale [a].

Voyelle orale [a]	Voyelle nasale [ɑ̃]
sa	sans
va	vend

La voyelle nasale [ɔ̃] est opposée à la voyelle orale [o].

Voyelle orale [o]	Voyelle nasale [õ]
mot	mon
beau	bon

 CD2-14

A votre tour!

A. Répétez les mots suivants en faisant attention aux voyelles [a] et [ɑ̃].

1. sa langue

2. cent pas

3. trente chats

4. ta tante

5. ma maman

[1]**Un** est généralement prononcé [œ̃]; cependant, il peut aussi être prononcé [ɛ̃], surtout en région parisienne. Ce phénomène s'explique par le nombre limité de mots contenant ce son en français. Pour cette raison, nous insistons moins sur la distinction entre ces deux voyelles nasales.

🔊 CD2-15

B. Répétez les mots suivants en faisant attention aux voyelles [o] et [ɔ̃].

    1. vos oncles

    2. son vélo

    3. votre prénom

    4. nos noms

    5. ton blouson

🔊 CD2-16

C. Pour chacune des paires de mots suivants, indiquez si les voyelles nasales sont identiques (=) ou différentes (≠).

    MODELE   VOUS ENTENDEZ: blouson / blousant

                     VOUS COCHEZ: ≠

	=	≠
Modèle		✓
1.		
2.		
3.		
4.		
5.		

(Numéros 1 à 5)

🔊 CD2-17

D. Pour chacune des phrases suivantes, indiquez le nombre de fois que vous entendez les voyelles nasales [ɑ̃] et [ɔ̃].

    MODELE   VOUS ENTENDEZ: Raymond reçoit de l'argent de poche de ses parents.

                     VOUS ÉCRIVEZ: [ɑ̃] *2;* [ɔ̃] *1*

	[ɑ̃]	ɔ̃
Modèle	2	1
1.		
2.		
3.		
4.		
5.		

CD2-18

La voyelle nasale [ɛ̃]

La voyelle nasale [ɛ̃] est opposée à la voyelle orale [ɛ].

Voyelle orale [ɛ]	Voyelle nasale [ɛ̃]
fais	fin
paix	pain

 CD2-19

A votre tour!

E. Répétez les mots suivants en faisant attention aux voyelles [ɛ̃] et [ɛ].

1. ces copains

2. elle vient

3. sept chiens

4. mes fringues

5. très fin

 CD2-20

La dénasalisation

A l'oral, lorsqu'une voyelle nasale est en contact avec une consonne nasale (comme [n] et [m]), elle est «dénasalisée». Cette règle générale s'applique aux cas suivants.

1. le féminin de certains noms et adjectifs

   MODELES   bon [ɔ̃]   bonne [on]
              américain [ɛ̃]   américaine [ɛn]

2. le pluriel de certains verbes du 3ᵉ groupe

   MODELES   il vient [ɛ̃]   ils viennent [ɛn]
              elle prend [ɑ̃]   elles prennent [ɛn]

3. la liaison entre l'adjectif masculin singulier placé avant et le nom commençant par une voyelle

   MODELES   C'est un bon ami.   [bonami]
              C'est un bon fils.   [bɔ̃fis]

CD2-21

A votre tour!

F. Répondez aux questions suivantes en utilisant la nationalité au féminin ou au masculin, selon le cas.

MODELE   VOUS ENTENDEZ: Dona est américaine; et son père?

                   VOUS DITES: *Il est américain.*

1. Diego est mexicain; et sa femme?

   _____.

2. Paula est canadienne; et son copain?

   _____.

3. Rafael est bolivien; et sa fille?

   _____.

4. Dina est italienne; et son mari?

   _____.

 CD2-22

G. Répondez aux questions suivantes en uilisant les mots donnés.

MODELE   VOUS ENTENDEZ: Luce et Bertrand reviennent d'Espagne. Et Charles?

                  VOUS LISEZ: Suisse

                  VOUS DITES: *Il revient de Suisse.*

1. le voyage   3. 4 heures

2. pauvre   4. l'université

 CD2-23

H. Pour chacune des phrases suivantes, indiquez le nombre de fois que vous entendez les voyelles nasales [ɛ̃], [ɑ̃] et [ɔ̃]. Attention au phénomène de dénasalisation.

MODELE   VOUS ENTENDEZ: Guylaine est la **gran**de **cham**pionne de tous les lyc**éen**s.

             VOUS ÉCRIVEZ: [ɛ̃] *1;* [ɑ̃] *2;* [ɔ̃] *0*

	[ɛ̃]	[ɑ̃]	[ɔ̃]
Modèle	*1*	*2*	*0*
1.			
2.			
3.			
4.			
5.			

Activités écrites

Structures et vocabulaire actif

🔊 CD2-24

Dictée

La vie des jeunes. Marc lit à haute voix un article intitulé *La vie des jeunes.* Vous allez entendre le passage suivant trois fois. La première fois, écoutez simplement, la deuxième fois, écrivez et la troisième fois, vérifiez attentivement votre texte.

_____

_____

_____

_____

_____

_____

_____

_____

_____

_____

_____

_____

_____

A. En parlant de loisirs. Lisez chaque série de mots. Puis, indiquez le mot qui n'est pas logique.

MODELE   bavard   génial   passionné   ~~sportif~~

1. un magnétoscope	un micro-ordinateur	une planche à voile	un lecteur de disques compacts
2. la griffe	la marque	les fringues	les dépenses
3. un vélo	une moto	un portable	une mobylette
4. un baladeur	une randonnée	les baskets	les affaires
5. faire du vélo	boire un verre	faire du jogging	faire une promenade en bateau
6. rigoler	fréquenter	se retrouver	rencontrer
7. la drogue	les SDF	le sida	les loisirs
8. le basket	le cinéma	le football	la marche

B. Notre vie de tous les jours. Vous parlez à un étudiant français qui vient passer l'année scolaire dans votre université. Il vous pose les questions suivantes sur la vie des étudiants américains. Répondez à ses questions.

MODELE —A quelle heure est-ce que les étudiants viennent à l'université le matin?
—*Ils viennent à l'université à 8 heures du matin.*

1. Et toi, à quelle heure viens-tu à l'université le matin?

_____.

2. Et à quelle heure est-ce que tu pars le soir?

_____.

3. Les étudiants sortent-ils souvent pendant la semaine ou seulement le week-end?

_____.

4. La bibliothèque est-elle ouverte le samedi matin?

_____.

5. Y a-t-il beaucoup d'étudiants qui courent sur le campus?

_____.

6. Et tes copains et toi, est-ce que vous courez? Si oui, combien de fois par semaine?

_____.

7. D'habitude, tes copains et toi, vous venez en cours à l'heure?

_____.

8. Et toi, tu dors souvent trop tard le matin?

_____.

9. En général, les étudiants obtiennent-ils leur diplôme en quatre ans?

_____.

10. Et toi, penses-tu obtenir ton diplôme en quatre ans?

_____.

C. Comment sont-ils? Dans une lettre à votre correspondant(e) en France, vous décrivez différents aspects de votre vie. Adjoutez des adjectifs de la liste suivante pour transformer les phrases. Faites attention à l'accord et à la position de l'adjectif.

Adjectifs: bon, chinois, difficile, facile, gentil, grand, intéressant, jeune, joli, nouveau, optimiste, petit, rapide, régional, triste

MODELE   J'ai un appartement.
         J'ai un grand appartement.

1. Je choisis toujours des amis.

   _____.

2. J'ai généralement beaucoup de cours.

   _____.

3. Le prof de chimie donne beaucoup de devoirs.

   _____.

4. Nous avons la chance d'avoir un stade sur notre campus.

   _____.

5. Le restaurant universitaire a des spécialités chaque semaine.

   _____.

6. Je viens de rencontrer un étudiant français.

   _____.

7. Mme Rochard est un professeur de littérature.

   _____.

8. Je voudrais acheter une voiture.

   _____.

D. En préparation... Préparez-vous à parler de votre vie quotidienne en écrivant l'adverbe qui correspond à chacun des adjectifs suivants.

1. fréquent _____   6. constant _____

2. rare _____   7. bon _____

3. complet _____   8. régulier _____

4. ancien _____   9. prochain _____

5. impatient _____   10. gentil _____

E. La vie quotidienne. Employez les éléments suivants et les adverbes de l'activité D pour décrire votre vie quotidienne.

MODELE   s'habiller en jean

Moi, je m'habille rarement en jean.

1. aller à la bibliothèque _____

2. faire du sport _____

3. jouer au tennis _____

4. parler _____

5. sortir _____

F. Quelques personnes importantes. Etablissez l'identité des personnes suivantes en faisant des phrases avec **c'est** ou **ce sont.** Ensuite, décrivez ces personnes dans des phrases contenant **il / elle est** ou **ils / elles sont.**

MODELE   votre cousin

a. *C'est Jack.*   ou   *C'est le mari d'Anne.*

b. *Il est gentil.*   ou   *Il est ingénieur.*

1. votre frère ou votre sœur

a. _____

b. _____

2. votre meilleur(e) ami(e)

a. _____

b. _____

3. vos professeurs

a. _____

b. _____

4. vos copines

a. _____

b. _____

5. vos camarades de chambre

a. _____

b. _____

G. La famille Dumont. Complétez chaque phrase par la forme convenable de l'adjectif possessif.

MODELE   Béatrice aime *ses* amis. Elle fréquente surtout *son* amie Agnès et *son* copain Thomas. *Son* petit ami s'appelle Jean-Marc.

1. Philippe et Maryse retrouvent souvent _____ copains au café. Ils parlent beaucoup de _____ professeur de philosophie et de _____ cours. _____ vie d'étudiant est dynamique.

2. M. Dumont aime _____ profession. Il adore _____ famille et _____ enfants. Il rentre tous les jours pour le repas de midi.

3. Et vous, Madame Dumont, est-ce que vous aimez _____ profession? Retrouvez-vous souvent _____ amis? Faites-vous souvent des excursions avec _____ mari et _____ enfants?

4. Et toi, Bruno, tu joues souvent au foot avec _____ copains? _____ vie est active, n'est-ce pas? Est-ce que _____ meilleur ami va bientôt arriver pour regarder la télé?

H. Et votre famille? Parlez des personnes suivantes en employant des adjectifs possessifs dans vos phrases.

MODELE   votre cousine
Ma cousine habite à La Nouvelle-Orléans.

1. un de vos parents

_____

2. vos grands-parents (ou votre grand-mère ou grand-père)

_____

3. votre frère ou votre sœur

_____

4. vos cousins ou vos cousines

_____

5. votre oncle ou votre tante

_____

I. Quelques comparaisons. Complétez les phrases suivantes de façon logique en utilisant la forme comparative des adjectifs entre parenthèses.

> MODELE   Mon père est *plus jeune que* ma mère. (jeune)

1. Ma mère est _____ mon père. (âgé)

2. Mon colocataire est _____ mon copain. (gentil)

3. Les CD sont _____ les cassettes. (cher)

4. La cuisine américaine est _____ la cuisine française. (bon)

5. Les vacances sont _____ les congés. (long)

6. Je suis _____ mes copains. (sportif)

7. La rentrée en septembre est _____ le départ en juin. (triste)

8. Ma voiture est _____ la voiture de mon copain. (vieux)

J. Votre entourage et vous. Employez les éléments suivants pour composer des phrases. Utilisez une des formes comparatives de l'adverbe.

> MODELE   je / mes copains   travailler à la bibliothèque (souvent)
> *Je travaille à la bibliothèque plus (moins / aussi) souvent que mes copains.*

1. je / mon (ma) colocataire   se coucher (tôt)

_____.

2. je / mon (ma) colocataire   comprendre le français (facilement)

_____

3. je / mon (ma) meilleur(e) ami(e)   étudier (sérieusement)

_____

4. mon prof d'histoire / mon prof de français   parler (vite)

_____

5. les DVD / les CD   côuter (cher)

_____

6. nous / notre professeur de français   danser (bien)

_____

7. mon cours de maths / mon cours d'anglais   passer (vite)

_____

8. mes copains / mes parents   aimer le rock (bien)

_____

K. Ça, c'est le comble! Décrivez les personnes et les choses suivantes en employant la forme superlative et les adjectifs donnés.

  MODELE   Los Angeles: intéressant   *C'est la ville la plus intéressante du monde.*

  1. la Smart: cher _____

  2. mon professeur de français: dynamique _____

  3. mon copain (ma copine): bon étudiant _____

  4. ce restaurant: mauvais _____

  5. ma famille: gentil _____

L. Au jardin du Luxembourg. Regardez bien la photo ci-dessus et écrivez au moins cinq phrases pour la décrire. Utilisez des comparatifs, des superlatifs et des adjectifs démonstratifs.

_____

_____

_____

_____

_____

_____

La rédaction par étapes

Le portrait de ma meilleure amie. Lisez attentivement le résumé suivant qui va vous servir d'exemple.

Ma colocataire est ma meilleure amie. C'est une fille formidable et très dynamique. Elle est un peu plus âgée que moi. Elle est grande, blonde, mince et élégante et aussi très bavarde. Nous passons des heures à parler de nos problèmes et elle donne toujours de bons conseils. Elle étudie les sciences politiques et veut devenir ambassadrice. Elle aime lire les journaux et comprendre ce qui se passe dans le monde. Elle est toujours curieuse et pose toujours beaucoup de questions. Mais elle est aussi très étourdie *(scatterbrained)*. Elle est aussi très désordonnée et elle ne sait jamais où sont ses affaires. Elle est beaucoup plus optimiste que moi et elle ne s'inquiète pas souvent. Elle aime le sport, les plages en été et les vieux films en noir et blanc. C'est une fille courageuse et travailleuse. Je ne m'ennuie jamais avec elle. C'est vraiment ma meilleure amie!

Etape 1: Mise en train

A. Vous allez réfléchir à ce que vous aimez particulièrement chez votre meilleur(e) ami(e). Vous pouvez lire des portraits de jeunes dans des magazines ou sur Internet.

B. Ensuite, à partir du vocabulaire actif présenté dans votre manuel et de votre dictionnaire, préparez une liste du vocabulaire nécessaire pour écrire le brouillon de votre portrait. Essayez de présenter votre ami(e) de manière originale et amusante. Insistez sur les qualités morales, les contrastes, les défauts, les manies, les particularités que vous avez remarqués. Evitez de faire un portrait monotone sous la forme d'une liste. Votre portrait doit être aussi intéressant que possible, donc variez le style et la longueur des phrases. Evitez les verbes **être** et **avoir** autant que possible.

🌐 **C.** Rendez-vous sur le site Web d'*Interaction* pour trouver des éléments sur la description physique, les vêtements, les habitudes et le comportement.

Etape 2: S'exprimer par écrit

D. Maintenant que votre recherche est terminée, que vous avez une idée précise du portrait de votre meilleur(e) ami(e) et que vos idées sont organisées, écrivez votre composition. Faites bien attention aux adjectifs et aux adverbes choisis.

 Utilisez les rubriques suivantes dans le **Système-D:**

Phrases: describing people
Vocabulary: body-eyes-hair, clothing, colors, personality, professions
Grammar: adjective agreement and position, possessive adjective

▷ A l'écran!

La vie des jeunes

A. Préparons-nous. Avant de visionner le segment selectionné pour cet exercice, répondez aux questions suivantes.

1. Que faites-vous au réveil chaque matin?

_____

2. Qu'est-ce que vous détestez particulièrement chez les autres?

_____

3. Quels sont vos passe-temps favoris?

_____

4. Que prenez-vous au petit déjeuner?

_____

5. Quelles qualités appréciez-vous chez vos ami(e)s?

_____

Vous avez compris?

B. Vrai ou faux? Après avoir regardé le segment vidéo au moins deux fois, indiquez si les affirmations suivantes sont vraies (**V**) ou fausses (**F**).

_____ 1. Elodie a beaucoup d'imagination.

_____ 2. Elodie aime beaucoup manger dans des fast-foods.

_____ 3. Julien aime le sport.

_____ 4. Claire-Anse est la meilleure amie d'Elodie.

_____ 5. Claire-Anse passe beaucoup de temps au marché aux puces *(flea-market)*.

_____ 6. La tante d'Elodie est une grande voyageuse.

_____ 7. Lucas aime beaucoup se lever tôt.

_____ 8. Olivier est vietnamien.

_____ 9. Olivier adore le fromage en fin de repas.

_____ 10. Le chat de la tante d'Elodie, Camus, aime jouer avec des pelotes de laine.

C. Questions. Regardez à nouveau le segment vidéo et répondez aux questions suivantes par une phrase complète.

1. Quelle est la passion d'Elodie?

   _____

2. Qui est Julien?

   _____

3. Comment Claire-Anse circule-t-elle dans Paris?

   _____

4. Qu'est-ce qu'Elodie aime manger au petit déjeuner?

   _____

5. Quels pays est-ce qu'Olivier connaît déjà?

   _____

D. A vous la parole!

1. En quelques phrases, décrivez votre routine quotidienne.

   _____

   _____

2. Trouvez-vous votre vie d'étudiant(e) agréable ou pas? Justifiez votre réponse avec des exemples.

   _____

   _____

3. Faites une liste de ce que vous aimez et détestez particulièrement dans la vie.

   _____

   _____

4. L'imagination est-elle une qualité que vous appréciez? Dites pourquoi.

   _____

   _____

5. Expliquez quelles sont vos préférences en matière de loisirs.

   _____

   _____

Chapitre 4
Les télécommunications

Activités orales

Pour mieux comprendre

 CD2-25

La télé américaine. Écoutez attentivement la conversation entre Catherine et Laurent puis faites les exercices suivants. Vous pouvez écouter la conversation plusieurs fois, si cela est nécessaire.

A. Compréhension générale. Cochez (✓) la réponse correcte aux questions suivantes.

☐ oui	☐ non	1. Laurent a-t-il passé un an aux Etats-Unis?
☐ oui	☐ non	2. Est-ce que Laurent a acheté une télévision quand il est arrivé aux Etats-Unis?
☐ oui	☐ non	3. Est-ce que Laurent a regardé la télé cinq heures tous les jours?
☐ oui	☐ non	4. Est-ce que Laurent désirait *(wanted)* se perfectionner en anglais?
☐ oui	☐ non	5. La télé américaine est-elle semblable à la télé française?
☐ oui	☐ non	6. Catherine connaît-elle bien les émissions américaines?
☐ oui	☐ non	7. Catherine veut-elle connaître les réactions de Laurent?
☐ oui	☐ non	8. Est-ce que Laurent pense que la télé américaine est ennuyeuse?
☐ oui	☐ non	9. Laurent a-t-il changé souvent de chaîne quand il regardait *(watched)* la télé?
☐ oui	☐ non	10. Est-ce que Laurent trouve que la télé aide à apprendre une langue étrangère?

B. Choisissez la bonne réponse. D'après cette conversation, choisissez la bonne réponse pour compléter les phrases suivantes.

1. Quand Laurent est arrivé à Chicago, il (a pris une mauvaise décision / a acheté un poste de radio / a regardé longtemps la télé).

2. D'après Catherine, la télé américaine (n'a pas plu à Laurent / est monotone / peut paraître bizarre à un Français).

3. D'après Laurent, les émissions à la télé américaine sont (intéressantes / toujours excellentes / diversifiées).

4. Quand une émission ne plaît pas à Laurent, il (éteint la télé / regarde un autre programme / s'endort).

5. Selon Laurent, regarder la télévision dans une langue étrangère, c'est très (fatigant / utile / drôle).

C. Compréhension détaillée. Complétez les phrases suivantes pour résumer les détails les plus importants de la conversation.

1. Quand Laurent est arrivé à Chicago, il a pris la décision de regarder la télé au moins _____

_____ .

2. Il est allé acheter _____ .

3. Le premier jour, il a regardé la télé pendant _____ .

4. Laurent a apprécié _____ .

5. Laurent a appris que _____ .

🔊 CD2-26

D. Le poste est en panne. Ecoutez attentivement la conversation suivante entre Marc et la propriétaire de l'appartement qu'il occupe. Puis indiquez si les phrases suivantes sont vraies **(V)** ou fausses **(F).** Vous pouvez écouter la conversation plusieurs fois si nécessaire.

_____ 1. Le poste de Marc est en panne.

_____ 2. Marc n'a pas pu allumer le poste.

_____ 3. Marc n'a pas pu régler la couleur.

_____ 4. C'est un vieux récepteur.

_____ 5. Marc a remarqué le problème hier soir.

_____ 6. Il y a un atelier de réparation dans la rue nationale.

_____ 7. Marc va apporter le poste chez M. Duval.

_____ 8. La propriétaire ne veut pas envoyer le poste chez M. Duval.

_____ 9. La propriétaire descend tout de suite chez M. Duval.

_____ 10. Marc remercie la propriétaire.

E. Repérage grammatical. Dans la conversation que vous venez d'entendre, Marc et la propriétaire utilisent des expressions verbales au **passé composé.** Dans la liste suivante, cochez (✔) uniquement les verbes que vous entendez au **passé composé.** Vous pouvez écouter le dialogue plusieurs fois si nécessaire.

1. téléphoner	_____		9. devoir	_____
2. être en panne	_____		10. vouloir	_____
3. comprendre	_____		11. regarder	_____
4. pouvoir	_____		12. s'apercevoir	_____
5. régler	_____		13. être d'accord	_____
6. réussir	_____		14. apporter	_____
7. acheter	_____		15. descendre	_____
8. voir	_____			

🔊 CD2-27

F. Comment se connecter sur Internet? Ecoutez attentivement la conversation entre Serge et Christine. Ensuite, décidez si les phrases sont probables **(P)** ou improbables **(I).**

_____ 1. Serge vient d'acheter son premier ordinateur.

_____ 2. Serge a essayé plusieurs fois de se connecter sur Internet.

_____ 3. Christine pense que le problème est le système d'exploitation.

_____ 4. Le modem est en panne.

_____ 5. Christine connaît bien le site Internet d'Orange.

_____ 6. On peut trouver des conseils sur comment envoyer et recevoir du courrier électronique sur la page d'accueil d'Orange.

_____ 7. Pour utiliser certains services d'Orange, il faut un mot de passe.

_____ 8. Serge va essayer de se connecter avant l'arrivée de Christine.

A vous la parole!

🔊 CD2-28

G. Les expressions idiomatiques. Vous parlez avec vos colocataires de ce que vous allez regarder à la télé ce soir. Utilisez l'expression idiomatique appropriée pour compléter chaque phrase.

Expressions: en direct, être en panne, changer de chaîne, passer à la télé, mettre la télé en marche, être branché(e)

MODELE   VOUS ENTENDEZ: On regarde le concert de Youssou N'Dour sur France 2 ce soir?

            VOUS COMPLÉTEZ: Oui, il va être diffusé *en direct.*

                VOUS DITES: *Il va être diffusé en direct.*

1. Oui, ce soir, il y a plusieurs émissions intéressantes qui _____.

2. Pourquoi? Elle _____?

3. Est-ce qu'elle _____?

4. Maintenant tu peux _____.

5. D'accord, je vais _____.

CD2-28

H. Sondage. Un de vos camarades de classe fait une enquête sur les habitudes des internautes *(Internet users)*. Répondez à chaque question selon les informations données.

MODELE   Vous entendez: As-tu utilisé Internet hier soir?
                  Vous lisez: oui / pendant trois heures
                  Vous dites: *Oui, j'ai utilisé Internet pendant trois heures hier soir.*

1. à six heures

2. pour lire mon courrier électronique

3. trois ou quatre soirs

4. à peu près quatre heures

5. non / ne pas aimer

6. oui / plusieurs

7. non / détester

8. *Facebook*

 CD2-30

I. Il faut choisir. Dans la liste suivante, choisissez l'expression qui convient pour compléter chaque phrase. Ensuite, répétez la phrase entière à voix haute.

Expressions: allumer la télévision, être branché(e), changer de chaîne, éteindre la télévision, un feuilleton, privatisée

MODELE   Vous entendez: On a regardé la télévision pendant quatre heures.
                                 Avant de se coucher, il faut...
                  Vous dites: *Avant de se coucher, il faut éteindre la télévision.*

(Numéros 1 à 5)

 CD2-31

J. Quelle coïncidence! Un ami que vous n'avez pas vu depuis longtemps vous parle de ses projets pour le week-end prochain. C'est bizarre, c'est exactement ce que vous avez fait le week-end dernier. Dites-le à votre ami!

MODELE   Vous entendez: Samedi prochain, je vais à une fête.
                  Vous dites: *Samedi dernier, je suis allé(e) à une fête.*

(Numéros 1 à 7)

CD2-32

K. Qu'est-ce qui est arrivé? Par erreur, on vous a accordé une mauvaise note finale à votre cours de français. Votre ami vous pose quelques questions. Répondez en utilisant les éléments proposés.

MODELE   VOUS ENTENDEZ: As-tu parlé au prof?
                    VOUS LISEZ: non / pas
                    VOUS DITES: *Non, je n'ai pas parlé au prof.*

1. non / jamais

2. non / pas

3. non / ni... ni...

4. non / personne

5. non / rien

6. non / pas encore

 CD2-33

Proverbe

Vous allez entendre un proverbe français. Choisissez la phrase qui explique le sens de ce proverbe.

Aide-toi et le ciel t'aidera *(heaven will help you).*

a. Tu dois faire des efforts.

b. Le ciel ne peut pas te venir en aide.

c. Le travail est toujours récompensé *(rewarded).*

d. Il faut attendre l'aide d'autres personnes.

Nom _____ Date _____

 CD2-34

Francophones en direct

Les télécommunications et la technologie au Canada.
Ecoutez l'interview suivante avec Vincent, un jeune Canadien. Ensuite, complétez les phrases de façon logique. Vous pouvez écouter l'interview plusieurs fois, si cela est nécessaire.

1. Vincent pense que (qu')...

   a. la technologie n'est pas très importante au Canada.

   b. les Canadiens sont très branchés.

   c. il y a peu d'innovations au Canada.

2. Depuis l'enfance de Vincent, le rôle de la technologie...

   a. a beaucoup changé.

   b. a peu changé.

   c. n'a pas du tout changé.

3. Une des activités principales de Vincent quand il est devant son ordinateur est de...

   a. participer à des salons de tchat

   b. consulter des sites de nouvelles

   c. télécharger de la musique

4. Vincent peut passer... heures devant son ordinateur.

   a. 6

   b. 8

   c. 10

5. Hier, Vincent...

   a. a fait du shopping en ligne.

   b. a consulté un site de nouvelles.

   c. a utilisé un moteur de recherche.

6. Vincent...

   a. préfère les contacts virtuels.

   b. pense que le virtuel est un outil au service du réel.

   c. pense qu'avec toute la technologie actuelle, le réel devient secondaire.

7. La télévision au Québec...

   a. diffuse trop d'émissions américaines.

   b. est complètement privatisée.

   c. aide à défendre la culture francophone.

8. D'après Vincent, à la télévision, les Canadiens aiment...

   a. les documentaires.

   b. les nouvelles.

   c. les émissions dans lesquelles on peut trouver du vrai.

Vocabulaire utile

compter *to have*
est répandu *is widespread*
un courriel (Can.) *e-mail*
des moyens privilégiés *preferred means*
profiter *to take advantage of*
un truc (slang) *thing*
un témoin *witness*
qu'on pourrait *that one could*
vivace *hardy, vibrant*
la vérité *truth*
séduisant *seductive*
interpellant *remarkable*

CD2-35

Prononcez bien!

L'enchaînement des mots

En français oral, les mots s'unissent les uns aux autres. Ainsi, la division graphique des mots disparaît.

L'enchaînement vocalique

Dans une phrase, lorsqu'un mot se termine par une voyelle et que le mot suivant commence par une voyelle, on prononce ces deux voyelles sans interruption (même s'il s'agit de deux voyelles distinctes). C'est l'**enchaînement vocalique.**

MODELES	réamorcer	[reamɔRse]	4 syllabes orales
	Tu es passée à la télé.	[tyepɑsealatele]	8 syllabes orales
	s'abonner à un magazine	[sabɔneaɛ̃magazin]	8 syllabes orales

 CD2-36

A votre tour!

A. Ecoutez et répétez les phrases suivantes.

1. Tu es allé au théâtre.

2. Théo a acheté un billet à l'aéroport.

3. J'ai aussi un ordinateur.

4. Léa a rendez-vous au café.

5. Mon ami a étudié l'informatique.

 CD2-37

B. Ecoutez les phrases suivantes puis indiquez le nombre de syllabes pour chacune d'elles.

MODELE	8 syllabes	9 syllabes	10 syllabes	11 syllabes
Léo est allé au théâtre à vélo.				✓
1.				
2.				
3.				
4.				
5.				

🔊 CD2-38

L'enchaînement consonantique

Dans une phrase, lorsqu'un mot se termine par une consonne et que le mot suivant commence par une voyelle, on forme une même syllabe avec ces deux sons. C'est l'**enchaînement consonantique**[1].

MODELE   La pub est intéressante.

1. Lorsqu'un mot se termine par une lettre muette, l'enchaînement se fait avec la consonne qui précède.

   MODELE   Le portable est pratique en voyage.

2. Lorsqu'un mot se termine par deux consonnes formant un groupe, l'enchaînement se fait avec les deux consonnes.

   MODELE   La règle est la même pour tous les utilisateurs d'Internet.

🔊 CD2-39

A votre tour!

C. Ecoutez et répétez les phrases suivantes.

1. Le répondeur est tombé en panne.

2. Il s'abonne à un service Internet.

3. Il achète un programme interactif.

4. Elle a trente abonnés à son site.

5. Jeanne allume automatiquement la télé.

🔊 CD2-40

D. Pour chacune des phrases suivantes, indiquez les enchaînements vocaliques [⌣], les enchaînements consonantiques [⌐] et les **e** muets (**e**).

MODELE   Le portable est pratique en voyage.

1. Raoul a eu quarante ans.

2. Elise a habité quatre ans en Corse.

3. Tu as reçu un portable en cadeau?

4. On diffuse un feuilleton américain en ligne.

5. Elle a parlé italien avec Alice, sa grande amie.

---

[1]Il y a une différence entre l'enchaînement consonantique et la liaison (voir Chapitre 5). Dans l'enchaînement consonantique, la consonne enchaînée (⌐) est toujours prononcée.

MODELES   l'enchaînement consonantique: Il éteint la télé.   Il répond au courrier.
          la liaison: On regarde le petit écran.   Il s'achète un petit portable.

Activités écrites

Structures et vocabulaire actif

🔊 CD2-41

Dictée

La télévision a-t-elle changé nos vies? Laurent regarde un programme à la télévision qui explique comment la télévision a changé notre comportement *(behavior).* Vous allez entendre le passage suivant trois fois. La première fois, écoutez simplement, la deuxième fois, écrivez et la troisième fois, vérifiez attentivement votre texte.

_____

_____

_____

_____

_____

_____

_____

_____

_____

_____

A. Génération techno. Lisez chaque série de mots. Puis, indiquez le mot qui n'est pas logique.

MODELE	l'écran	le moniteur	la souris	~~le logiciel~~
1. un poste de télé	le téléviseur	un ordinateur	le petit écran
2. un mot de passe	un mot clé	un réseau	un pseudo
3. la page d'accueil	la série	la messagerie	le navigateur
4. un répondeur	un fichier	un salon de chat	un courrier électronique
5. le télétravail	le téléspectateur	la télécommande	la télé
6. allumer	éteindre	mettre en marche	diffuser
7. un documentaire	un feuilleton	un système d'exploitation	une pub
8. le téléachat	le zapping	des achats à domicile	le shopping en ligne

B. Que faites-vous? Avec un(e) camarade de classe, vous préparez des questions pour interviewer un étudiant français à votre université. Complétez ces questions en employant la forme convenable du verbe entre parenthèses.

MODELE   Est-ce que les étudiants français *écrivent* beaucoup de dissertations pour chaque cours? (écrire)

1. Dans quels cours est-ce que tu _____ beaucoup? (écrire)

2. On _____ beaucoup avant chaque cours, non? (lire)

   En cours d'anglais, est-ce que vous _____ beaucoup? (lire)

3. Combien de cours est-ce que les étudiants français _____ par an? (suivre)

   Et toi, combien de cours _____-tu cette année? (suivre)

4. Tes camarades de classe et toi, est-ce que vous _____ vos repas chez vous ou au restaurant universitaire? (prendre)

   Y a-t-il beaucoup d'étudiants qui _____ leurs repas dans les restaurants à côté du campus? (prendre)

   Qu'est-ce que tu _____ normalement au petit déjeuner et au déjeuner? (prendre)

5. Est-ce que tu _____ ta moto sur le grand parking avec les voitures ou dans la rue? (mettre)

6. Qu'est-ce qu'on _____ pour aller à une soirée? (mettre)

   Et tes copains et toi, que _____-vous pour aller à un concert? (mettre)

7. J'ai entendu dire que les étudiants français _____ de l'alcool pendant les soirées. C'est vrai? (boire)

   Et tes copains et toi, vous _____ de l'alcool chaque soir au dîner? (boire)

8. Tes camarades de classe et toi, est-ce que vous _____ de bons restaurants en ville? (connaître)

   Tu _____ une étudiante américaine qui passe l'année ici à cette université? Elle vient de ma ville natale? (connaître)

9. Est-ce que les profs te _____ bonjour quand ils te voient sur le campus? (dire)

   Et toi, tu leur _____ bonjour aussi? (dire)

10. Les étudiants _____ bien parce qu'ils ont beaucoup d'argent, n'est-ce pas? (vivre)

    Et toi, tu _____ bien aussi? (vivre)

C. Voici ce que tout le monde a fait. Complétez chaque phrase par le **passé composé** du verbe entre parenthèses pour dire ce que tout le monde a fait le week-end dernier.

MODELE   Dimanche après-midi, je *suis allé(e)* à un concert de jazz. (aller)

1. Moi, je (j') _____ à la bibliothèque. (travailler)

2. Heureusement, les professeurs _____ trop de devoirs aux étudiants. (ne pas donner)

3. Mes profs _____ corriger nos examens rapidement. (devoir)

4. Samedi soir, mes parents _____ dîner avec moi. (venir)

5. Mon (Ma) colocataire _____ un ordinateur. (acheter)

D. Encore une fois. Mettez les phrases suivantes au **passé composé** pour indiquer que ces personnes ont fait la même chose la semaine dernière.

MODELE   Nous allons au centre commercial.
Nous sommes allé(e)s au centre commercial.

1. Ma sœur écrit beaucoup d'e-mails.

_____.

2. Mes copines viennent dîner avec moi.

_____.

3. Moi, je reste chez moi samedi matin.

_____.

4. L'équipe de basket gagne le match.

_____.

5. Mon petit ami / Ma petite amie m'envoie des fleurs.

_____.

E. A la résidence universitaire. Vous retrouvez votre camarade de chambre à la fin de la journée. Employez les éléments indiqués pour lui poser des questions au **passé composé.**

MODELE   dîner / déjà   *As-tu déjà dîné?*

1. sortir avec Robert / hier soir

_____

2. finir tes devoirs / maintenant

_____

3. aller au concert de Sting / la semaine dernière

_____

4. prendre un coca avec ton copain français / ce matin

_____

5. se coucher tard / jeudi dernier

_____

F. L'histoire d'Anne-Marie. Complétez le paragraphe suivant en utilisant le **passé composé** des verbes entre parenthèses. Faites attention à l'accord des participes passés.

Hier, Anne-Marie (décider) _____ de regarder la télé. Quand elle (rentrer) _____,

elle (descendre) _____ au salon. Elle (consulter) _____ le programme, elle (choisir)

_____ une émission et elle (allumer) _____ le poste. Elle (prendre)

_____ un coca et elle (s'installer) _____ confortablement dans un fauteuil. Mais après

quelques minutes devant la télé, elle (préférer) _____ sortir. Elle (se laver) _____ les

cheveux, elle (s'habiller) _____ et elle (partir) _____ au cinéma.

G. La télévision. Récrivez chaque phrase en plaçant l'adverbe donné au bon endroit.

1. La télévision a changé au cours des dernières années. (beaucoup)

_____

2. De nombreuses chaînes diffusant des programmes thématiques ont été ajoutées. (récemment)

_____

3. La télévision payante s'est développée avec plusieurs chaînes offertes au public. (énormément)

_____

4. Les chaînes câblées se sont multipliées ces derniers temps. (aussi)

_____

5. Ce sont les appareils électroniques qui ont connu un développement rapide. (surtout)

_____

H. Cher professeur… Vous faites partie d'un groupe d'étudiants étrangers à Aix-en-Provence. Vous écrivez une lettre à votre professeur de français. Complétez-la en mettant les verbes au **passé composé.**

Hier, je / j' (accompagner) _____ mon ami français, Philippe, au café. Nous (descendre)

_____ en ville où nous (retrouver) _____ les copains de Philippe au Café Margot.

Nous (s'asseoir) _____ à la terrasse, nous (commander) _____ deux bières et nous

(commencer) _____ à parler avec ses copains. Nous (échanger) _____ nos vues sur

différents sujets. Le temps (passer) _____ vite. A sept heures je / j' (regarder) _____

ma montre et je / j' (penser) _____ au dîner chez Mme Fouché. Nous (payer) _____

nos bières et nous (dire) _____ au revoir aux copains. Nous (se presser) _____ , mais

nous (arriver) _____ en retard pour le dîner. Cependant, je / j' (bien s'amuser) _____ et

je / j' (décider) _____ de retourner souvent dans ce café.

I. Chacun son Internet. Regardez le tableau, puis décrivez, en cinq phrases, certains des usages d'Internet des Français en 2005.

Chacun son Internet

Usages d'Internet selon les caractéristiques sociodémographiques (octobre 2005, en % des 15 ans et plus ayant utilisé Internet au moins une fois)

	Utiliser la messagerie électronique	Communi-quer par messagerie instantanée	Obtenir des infor-mations adminis-tratives	Rechercher des infor-mations sur la santé	Accéder à son compte bancaire	Acheter des biens et services	Écouter, voir ou télécharger de la musi-que ou des films	Jouer ou télécharger des jeux	Téléchar-ger des logiciels
Hommes	72	33	52	21	41	34	35	25	35
Femmes	74	33	52	35	36	34	27	14	15
15-19 ans	67	62	28	22	12	15	60	34	28
20-29 ans	76	47	61	30	46	41	42	27	33
30-39 ans	77	24	61	30	49	46	24	16	29
40-49 ans	73	19	55	27	40	35	18	14	21
50-59 ans	67	13	52	29	43	31	14	8	14
60-69 ans	86	16	60	27	41	26	11	12	22
70 ans et +	65	11	26	34	30	20	15	20	13
Études supérieures	85	26	65	31	50	45	22	13	28
Sans diplôme	59	40	32	25	20	15	48	32	21
ENSEMBLE	73	33	52	28	39	34	31	20	26

INSEE

_____

_____

_____

_____

_____

_____

_____

_____

_____

La rédaction par étapes

Mon programme de télé préféré. Vous avez une présentation à faire pour votre cours de français et vous devez parler du programme de télé que vous préférez en expliquant les raisons de votre préférence. Pour justifier votre choix, vous illustrez votre présentation en décrivant en détail la dernière émission que vous avez vue de votre programme préféré. Utilisez le **passé composé.**

Etape 1: Mise en train

A. Vous allez réfléchir à tous les programmes que vous aimez regarder à la télé et choisir celui qui vous passionne le plus. Votre choix doit être intéressant pour un sujet de présentation en classe (fréquence de l'émission, qualité de l'information, niveau de langue, intérêt historique, scientifique ou simple divertissement). Consultez attentivement une liste de programmes télévisés avant de faire votre choix.

B. Ensuite, faites une liste de toutes les qualités que présente le programme de votre choix.

🌐 **C.** Consultez des programmes télévisés français sur Internet pour trouver le vocabulaire nécessaire. **TV 5** est un bon exemple.

Etape 2: S'exprimer par écrit

D. Maintenant que vous avez terminé votre liste et que vous avez vérifié le vocabulaire dont vous avez besoin, rédigez une petite narration au **passé composé** qui va illustrer votre présentation. Assurez-vous de rendre ce récit intéressant en utilisant beaucoup de verbes d'action et en communiquant votre enthousiasme pour le programme que vous avez choisi.

Utilisez les rubriques suivantes dans le **Système-D:**

Phrases: stating a preference, expressing opinion or preference,
        sequencing events

Vocabulary: days of the week, entertainment, time expressions

Grammar: compound past tense

▶ A l'écran!

Les télécommunications

A. Préparons-nous. Avant de visionner le segment sélectionné pour cet exercice, répondez aux questions suivantes.

1. Quand vous passez une soirée avec vos amis, que faites-vous? Aimez-vous jouer à des jeux de société? Lesquels?

_____

_____

2. Avez-vous beaucoup d'imagination? Quels jeux aimez-vous inventer?

_____

_____

3. Si on vous raconte une histoire, pouvez-vous facilement dire si cette histoire est vraie? Pourquoi ou pourquoi pas?

_____

_____

4. Quels genres d'histoires préférez-vous?

_____

_____

5. Comment doit-on raconter une histoire avec talent, selon vous?

_____

_____

Vous avez compris?

B. Vrai ou faux? Après avoir visionné ce segment au moins deux fois, indiquez si les affirmations suivantes sont vraies (**V**) ou fausses (**F**).

_____ 1. Elodie a trouvé un jeu de société intéressant.

_____ 2. Claire-Anse va commencer parce qu'elle est la plus jeune.

_____ 3. Claire-Anse n'aime pas les grottes préhistoriques.

_____ 4. Elodie a raconté une histoire vraie.

_____ 5. Julien doit parler de son premier baiser.

_____ 6. Julien dit qu'il a trouvé un coffre rempli de trésors.

_____ 7. L'histoire de Julien est compliquée et romantique.

_____ 8. Elodie veut savoir la vérité pour l'histoire de Julien.

_____ 9. Tante Mathilde raconte une histoire qui se passe en Afrique du Nord.

_____ 10. Elle dit qu'elle a acheté une lanterne exceptionnelle.

C. Questions. Regardez à nouveau ce segment vidéo et répondez aux questions suivantes par une phrase complète.

1. A quel jeu jouent les trois amis?

_____.

2. Quelles sont les règles du jeu?

_____

_____.

3. Trouvez-vous l'histoire d'Elodie vraisemblable? Pourquoi?

_____.

4. Pourquoi Julien n'est-il pas très content de son premier baiser?

_____.

5. Pour quelles raisons Tante Mathilde a acheté la lanterne du sultan?

_____.

D. A vous la parole!

1. Quelle histoire avez-vous préférée? Pourquoi?

_____

_____.

2. Décrivez une expérience de votre enfance qui vous a fait très peur. Que s'est-il passé?

_____

_____.

3. Quel souvenir avez-vous de votre première histoire d'amour?

_____

_____.

4. Avez-vous jamais découvert un trésor ou quelque chose que vous avez cru être un trésor?

_____

_____.

5. Quel est votre objet préféré? Pouvez-vous le décrire?

_____

_____.

Chapitre 5

La presse et le message

Activités orales

Pour mieux comprendre

 CD3-2

Corinne à Paris. Ecoutez attentivement la conversation entre Corinne et Julien puis faites les exercices suivants. Vous pouvez écouter la conversation plusieurs fois, si cela est nécessaire.

A. Compréhension générale. Cochez (✓) la réponse correcte aux questions suivantes.

☐ oui ☐ non   1. Julien était au courant du voyage de Corinne à Paris?

☐ oui ☐ non   2. Corinne est allée à Paris il y a deux mois?

☐ oui ☐ non   3. Corinne s'intéresse beaucoup à l'art moderne?

☐ oui ☐ non   4. Corinne se levait tard le matin?

☐ oui ☐ non   5. Elle aimait se promener au jardin du Luxembourg?

☐ oui ☐ non   6. Elle voulait aller en Bretagne?

☐ oui ☐ non   7. Sa voiture marchait bien pendant son séjour à Paris?

☐ oui ☐ non   8. Elle est restée plus longtemps que prévu à Paris?

B. Choisissez la bonne réponse. D'après cette conversation, choisissez la bonne réponse pour compléter les phrases suivantes.

1. Corinne est allée à Paris parce qu'elle voulait (rendre visite à Julien / voir une exposition d'art / rendre visite à des amis).

2. Corinne est restée à Paris (pendant un mois / quelques semaines / un certain nombre de jours).

3. L'après-midi, Corinne (faisait une promenade / rendait visite à des amis / allait dans les musées).

4. Les soirées de Corinne étaient occupées par (des pièces de théâtre / des sorties en boîte / des concerts).

5. Corinne n'est pas allée en Normandie parce que (sa voiture est tombée en panne sur la route / le garage était fermé pendant trois jours / sa voiture est restée au garage trop longtemps).

C. Compréhension détaillée. Complétez le paragraphe suivant pour résumer les détails les plus importants de la conversation.

Corinne est allée à _____

parce qu'elle voulait _____ .

Pendant son séjour, elle allait _____

le matin où elle _____ .

L'après-midi, elle _____ .

Le soir, elle _____ .

Elle voulait _____ mais elle n'a pas pu le

faire parce que _____ .

🔊 CD3-3

D. L'Homme qui aimait les femmes. Ecoutez attentivement la conversation suivante entre Béatrice et Jerry. Puis dites si les affirmations suivantes sont vraies **(V)** ou fausses **(F).** Vous pouvez écouter la conversation plusieurs fois si nécessaire.

_____ 1. Le film de Truffaut est passé à la télé samedi soir.

_____ 2. Jerry a consulté *Télé 7 jours* et a pu voir le film.

_____ 3. Jerry n'a pas pu allumer son poste de télé.

_____ 4. Béatrice pense que Jerry n'a pas eu de chance.

_____ 5. Béatrice avait déjà vu le film.

_____ 6. Le héros du film de Truffaut s'intéressait aux femmes.

_____ 7. Jerry aime beaucoup les films de Truffaut.

_____ 8. Jerry a la réputation d'aimer les femmes.

_____ 9. Jerry veut être le sujet d'un film.

_____ 10. Tom Cruise est le héros du film de Truffaut.

E. Repérage grammatical. Dans la conversation que vous venez d'entendre, Béatrice et Jerry utilisent des expressions verbales au passé composé et à l'imparfait. Dans la liste suivante, cochez (✓) les verbes que vous entendez au passé composé et ceux que vous entendez à l'imparfait. Vous pouvez écouter le dialogue plusieurs fois si nécessaire.

verbes	passé composé	imparfait
1. voir	_____	_____
2. allumer	_____	_____
3. passer	_____	_____
4. aimer	_____	_____
5. connaître	_____	_____

verbes	passé composé	imparfait
6. penser	_____	_____
7. vouloir	_____	_____
8. trouver	_____	_____
9. être	_____	_____
10. devenir	_____	_____

 CD3-4

F. Ma lecture préférée. Ecoutez attentivement la conversation suivante où trois amis parlent des journaux qu'ils préfèrent lire. Ensuite, complétez chacune des phrases de façon logique.

1. D'après Jean-Michel, le journal le plus conservateur est...

   a. *Le Point.*

   b. *Le Monde.*

   c. *Libération.*

2. Mireille ne s'intéresse pas beaucoup à la presse parce qu'...

   a. elle préfère lire des romans.

   b. elle trouve les journaux trop politisés.

   c. elle n'a jamais le temps de lire.

3. Mireille trouve le roman policier qu'elle a lu passionnant car...

   a. ce roman parle de politique.

   b. l'intrigue se passe dans un endroit célèbre de Paris.

   c. ce roman résume la situation mondiale.

4. *Meurtre au Louvre* a permis à Mireille de...

   a. visiter le musée du Louvre.

   b. découvrir comment le musée fonctionne.

   c. mieux connaître Paris.

5. *Meurtre au Louvre* a pour sujet...

   a. le vol d'un sarcophage.

   b. la mort du directeur du musée.

   c. le trafic de drogue.

🔊 CD3-5

G. Des dates importantes. Vous allez entendre une série de dates importantes. Ecrivez l'année que vous entendez. Quand vous aurez terminé *(When you finish)* d'écrire toutes les dates, écrivez un bref commentaire pour expliquer pourquoi ces dates sont importantes.

a. _____

la découverte _____

b. _____

l'assassinat _____

c. _____

la guerre _____

d. _____

la guerre _____

e. _____

la première personne à _____

f. _____

_____

A vous la parole!

🔊 CD3-6

H. Un petit test sur la presse. Vous allez entendre des séries de mots. Répétez le mot qui n'est pas logique dans chaque série.

MODELE   VOUS ENTENDEZ: distribuer, se tromper, se moquer, s'habituer
                    VOUS DITES: *distribuer*

(Numéros 1 à 8)

CD3-7

I. La presse à l'université. Vous allez entendre une série de questions qui concernent le journal de votre université. Répondez à ces questions précisément.

MODELE   VOUS ENTENDEZ: Est-ce que le journal de votre université est un quotidien?

   VOUS DITES: *Oui, le journal de notre université est un quotidien.*

   OU *Non, le journal de notre université n'est pas un quotidien.*

(Numéros 1 à 6)

 CD3-8

J. La télé quand vous étiez enfant. Un reporter du magazine *L'Express* vous interroge sur vos habitudes de téléspectateur / téléspectatrice quand vous étiez enfant. Répondez à ses questions.

MODELE   VOUS ENTENDEZ: Regardiez-vous la télé avec vos copains?

   VOUS DITES: *Oui, je regardais la télé avec mes copains.*

   OU *Non, je ne regardais pas la télé avec mes copains.*

(Numéros 1 à 9)

 CD3-9

K. Les structures idiomatiques. Vous n'avez pas toujours le temps de vous tenir au courant de l'actualité. Choisissez une réaction à chaque phrase que vous entendez.

Réactions: Si j'avais le temps de lire un quotidien!

   Nous sommes le 12 décembre.

   Je venais d'apprendre la nouvelle *(the news)*.

   Si j'avais su que ce programme passait!

   Si je pouvais voir cette exposition!

   Je bouquinais depuis deux heures de l'après-midi!

MODELE   VOUS ENTENDEZ: Il y un article très intéressant dans le journal ce matin.

   VOUS DITES: *Si j'avais le temps de lire un quotidien!*

(Numéros 1–5)

CD3-10

L. On a tout prévu. Dans une conversation téléphonique avec vos parents, vous expliquez que votre colocataire est très organisé(e). Chaque fois que vous aviez l'intention de faire quelque chose, il / elle l'avait déjà fait. Complétez les phrases suivantes en disant que Michel (Michèle) a déjà tout fait.

> MODELE   Vous entendez: J'allais acheter un tapis pour la chambre, mais...
>   Vous dites: *Michel (Michèle) avait déjà acheté un tapis pour la chambre.*

(Numéros 1 à 6)

 CD3-11

M. La vie d'étudiant. Un reporter d'un journal français fait une enquête sur la vie quotidienne des étudiants nord-américains. Répondez à ses questions et dites ce que vous avez fait hier soir. Vous allez entendre des questions à l'**imparfait** ou au **passé composé.** Vous devrez utiliser le même temps dans votre réponse.

> MODELE   Vous entendez: Aviez-vous des devoirs hier?
>   Vous dites: *Oui, j'avais des devoirs hier.*
>   ou   *Non, je n'avais pas de devoirs hier.*

(Numéros 1 à 7)

 CD3-12

Proverbe

Vous allez entendre un proverbe français. Choisissez la phrase qui explique le sens de ce proverbe.

Pas de nouvelles *(news),* bonnes nouvelles.

a. Tout ce qui *(that)* est nouveau est une bonne nouvelle.

b. Les nouvelles ne sont pas toujours bonnes.

c. Il est souvent préférable d'être sans nouvelles.

d. Les mauvaises nouvelles circulent vite.

CD3-13

Francophones en direct

La presse et les bandes dessinées en Belgique: Entretien avec Sébastien. Ecoutez l'interview suivante dans laquelle Sébastien parle de la presse en Belgique et des bandes dessinées de sa jeunesse. Ensuite, choisissez la réponse correcte à chacune des questions suivantes.

1. Quels sont les deux journaux quotidiens les plus lus en Belgique?

   a. *Le Vif* et *Le soir*

   b. *Le Soir* et *Le Standard*

   c. *Le Standard* et *Le Vif*

2. En quelles langues sont ces deux journaux?

   a. néerlandais *(Flemish)* et français

   b. belge et français

   c. français et allemand

3. Quels journaux préfèrent les jeunes Belges?

   a. des quotidiens

   b. des hebdomadaires

   c. des mensuels

4. Pourquoi les jeunes Belges préfèrent-ils les journaux comme *Le Vif*?

   a. Ils sont politisés.

   b. Ils peuvent lire ces journaux en ligne.

   c. Ils couvrent un peu de tout.

5. Quelles sont les deux bandes dessinées mentionnées dont les auteurs sont belges?

   a. *Astérix* et *Tintin*

   b. *Spirou* et *Lucky Luke*

   c. *Lucky Luke* et *Tintin*

6. D'où venait la bande dessinée que Sébastien aimait lire quand il était jeune?

   a. du Japon

   b. de Belgique

   c. de France

7. Pour quelles raisons le héros de la bande dessinée préférée de Sébastien était-il son modèle?

   a. Il était fort et jeune.

   b. Il était honnête et comique.

   c. Il avait un esprit *(spirit)* simple.

8. Qu'est-ce qui est une véritable force culturelle en Belgique?

   a. les bandes dessinées

   b. la presse

   c. l'Internet

9. Qu'est-ce qu'*Astérix le Gaulois*, une des bandes dessinées françaises les plus populaires, offrent aux lecteurs?

   a. des aventures dans le monde de la science-fiction

   b. des commentaires sur la politique

   c. une leçon d'histoire dans un contexte comique

10. Quelles sont les raisons principales qui expliquent pourquoi les Belges préfèrent lire les journaux sur Internet?

    a. Il y a plus de variété et c'est moins cher.

    b. C'est plus facile et rapide.

    c. Les journaux sur Internet sont plus intéressants.

Vocabulaire utile

je ne dirais pas *I wouldn't say*
véritable *true*
rigolo *funny*
l'honnêteté *honnesty*
une lutte *a struggle*
malin *shrewd*
encombrant *cumbersome*
de même *same here*

CD3-14

Prononcez bien!

L'enchaînement des mots: la liaison

En français oral, plusieurs consonnes finales ne se prononcent pas. Cependant, il arrive que ces mêmes consonnes se prononcent au contact de la voyelle initiale du mot qui suit. C'est la **liaison.**

MODELES un‿événement [ɛ̃nevɛnmɑ̃]
les‿informations [lezɛ̃fɔʀmasjɔ̃]
c'est‿assez [sɛtase]

 CD3-15

A votre tour!

A. Ecoutez et répétez les phrases suivantes.

1. Les‿autres‿écrivains sont‿intéressés.

2. Les‿encyclopédistes ont travaillé pendant vingt‿ans.

3. Les plus‿heureux sont les‿Allemands et les Hollandais.

4. Il faut les‿acheter dans‿un kiosque.

5. Quand[1] il arrivait, nous‿allions au café.

Il existe trois types de liaison: la liaison obligatoire, la liaison interdite et la liaison facultative. Les deux derniers types sont présentés au Chapitre 6.

La liaison obligatoire

1. entre le déterminant et le nom

   MODELES les‿actualités
   mon‿exemplaire
   plusieurs‿articles

2. entre l'adjectif et le nom

   MODELES un grand[1] événement
   les petites‿annonces

3. entre le pronom sujet et le verbe

   MODELES nous‿écoutons
   vous‿attendez

_____
[1]La lettre **d** est prononcée [t] en liaison.

4. entre le verbe et le pronom sujet dans une inversion

MODELES   paraît-il

se moque-t-elle[2]

5. entre un verbe à l'impératif et les pronoms **en** ou **y**

MODELES   vas-y

donnez-en

6. après certaines prépositions (**chez, dans, en, sans, sous**)

MODELES   en avant

sans-abri

7. entre certains adverbes et l'adjectif qui suit (**bien, mieux, moins, plus, très, trop**)

MODELES   très important

bien intentionné

8. après les mots **quand**[1] (conjonction et non adverbe interrogatif) et **dont**

MODELES   quand on veut

dont il parle

 CD3-16

A votre tour!

B. Ecoutez les phrases suivantes, puis indiquez les liaisons obligatoires à l'aide du symbole [‿].

1. On allait manger chez elle quand il s'est mis à pleuvoir.

2. Les albums d'*Astérix* sont très importants dans la littérature jeunesse.

3. Plusieurs érudits ont participé à la rédaction du dictionnaire des sciences, des arts et des métiers.

4. Bien entendu, ils avaient trop à faire pour nous aider.

5. Allez-y, consultez *L'Equipe* pour connaître les grands événements sportifs.

 CD3-17

C. D'abord, indiquez les liaisons obligatoires à l'aide du symbole [‿]. Ensuite, écoutez chaque phrase et répétez-la.

1. Les séries américaines sont très à la mode en Europe.

2. Monsieur Duroy est invité à dîner chez eux.

3. Elles aimaient consulter les petites annonces et, de temps en temps, lire un article de fond.

4. Quand elle arrivait, son ami lui donnait les dernières informations.

5. Dans un pays comme la France, le sport est-il plus important qu'aux Etats-Unis?

---

[2]Dans cette construction, lorsque le **t** final du verbe est absent, on en ajoute un pour éviter la rencontre de deux voyelles.

🔊 CD3-18

D. Répondez aux questions suivantes par une phrase complète. Portez une attention particulière aux liaisons. Vous allez entendre une réponse possible.

1. Lisez-vous un quotidien ou un hebdomadaire pour être au courant des actualités?

2. Trouvez-vous les journaux télévisés très intéressants ou pas trop intéressants?

3. Est-ce que vous écoutez toujours votre professeur de français quand il ou elle parle?

4. Est-ce que vous êtes bien informé(e) au sujet de ce qui se passe à l'université?

5. Et votre ami(e), est-elle ou est-il plus ou moins informé(e) que vous?

Activités écrites

Structures et vocabulaire actif

🔊 CD3-19

Dictée

Quel journal lisez-vous? Jean-Michel et Mireille ont des goûts différents en matière de quotidiens. Vous allez entendre le passage suivant trois fois. La première fois, écoutez simplement, la deuxième fois, écrivez et la troisième fois, vérifiez attentivement votre texte.

_____

_____

_____

_____

_____

_____

_____

_____

A. C'était comme ça. Répondez aux questions en mettant les verbes à l'imparfait pour décrire la situation et les circonstances d'autrefois.

MODELE   —Est-ce que tu manges toujours au restaurant universitaire?

              —Plus maintenant, non, mais je *mangeais* toujours au Resto-U pendant ma première année.

1. —As-tu beaucoup d'examens en cours?

    —Plus maintenant, non, mais j' _____ beaucoup d'examens quand j'étais au lycée.

2. —Est-ce que tes cours sont difficiles?

    —Non, mais les cours _____ difficiles quand j'ai commencé à l'université.

3. —Ton meilleur ami / Ta meilleure amie achète-t-il / elle des bandes dessinées?

    —Non, mais il / elle _____ tout le temps des bandes dessinées quand il / elle avait seize ans.

4. —Etudies-tu beaucoup ce semestre?

    —Non, mais j' _____ beaucoup le semestre dernier quand je suivais six cours.

5. —Aimes-tu surfer l'Internet?

    —Je n'ai pas le temps de surfer l'Internet ces temps-ci, mais j' _____ surfer l'Internet quand j'étais au lycée.

B. Un(e) fanatique de la télé. D'abord, mettez les verbes entre parenthèses à la forme convenable de l'imparfait. Ensuite, indiquez la lettre correspondant au cas qui justifie l'emploi de l'imparfait.

    a. décor ou action simultanée

    b. action habituelle

    c. état ou condition

    d. expression idiomatique

    MODELE   Quand j'(être) *étais (c)* jeune, je (regarder) *regardais (b)* souvent la télé.

Tous les jours, je (**1.** rentrer) _____ (_____) de l'école, j' (**2.** allumer) _____

(_____) le poste et je (**3.** s'installer) _____ (_____) devant le petit écran. Je (**4.** rester)

_____ (_____) là pendant des heures. Je (**5.** préférer) _____ (_____) les vidéoclips

sur MTV et les feuilletons. Je ne (**6.** vouloir) _____ (_____) pas rater un seul épisode de *All*

My Children. Malheureusement, pendant que je (**7.** regarder) _____ (_____) ces émissions,

je n'(**8.** étudier) _____ (_____) pas et mon travail en (**9.** souffrir) _____ (_____)

énormément. Chaque fois qu'il y (**10.** avoir) _____ (_____) un examen, mes notes (**11.** devenir)

_____ (_____) de plus en plus mauvaises. Heureusement que cette télé est tombée en panne!

C. Attention, danger! Votre professeur vous prévient *(warns)* que la différence entre l'imparfait et le passé composé est difficile pour les étudiants. Complétez chaque phrase avec un verbe de la liste au passé composé.

Verbes: ne pas comprendre, devoir, ne pas durer, échouer, faire

    1. L'année dernière, mes étudiants croyaient bien comprendre, mais ils _____ beaucoup de fautes à l'examen final.

    2. Je pensais avoir bien expliqué mais malheureusement ils _____ cette règle de grammaire.

    3. Cette leçon était vraiment la plus difficile et je / j' _____ la recommencer deux fois.

    4. Je voulais absolument réussir à leur expliquer la différence, mais je / j' _____.

    5. J'avais pourtant beaucoup d'espoir au début du semestre, mais cela _____ très longtemps.

D. A vous! Choisissez entre l'imparfait et le passé composé pour compléter les phrases.

1. L'année dernière, en cours, je / j' _____ de ne pas comprendre les explications mais à la fin du semestre, je / j' _____ brillamment à mon examen. (avoir peur, réussir)

2. Mes parents _____ que je / j' _____ suffisamment, mais je / j' _____ leur prouver le contraire. (penser, ne pas travailler, pouvoir)

3. Pendant que le professeur _____, je / j' _____ toujours des notes et ainsi, je / j' _____ les bonnes réponses. (parler, prendre, ne pas oublier)

4. Mes camarades de classe _____ pourquoi je / j' _____ toujours les réponses, alors je leur _____ ma stratégie. (ne pas comprendre, savoir, expliquer)

5. Ce cours _____ vraiment difficile mais finalement je / j' _____ les efforts de mon professeur. (être, apprécier)

E. Un rendez-vous avec Philippe. Pendant votre séjour en France, vous racontez à votre meilleur(e) ami(e) ce que vous avez fait la journée précédente. Complétez la description en mettant les verbes entre parenthèses au passé composé ou à l'imparfait selon le contexte.

Hier, il (1. faire) _____ très beau et je / j' (2. accompagner) _____ mon ami français Philippe au café. Nous (3. descendre) _____ en ville où nous (4. retrouver) _____ les copains de Philippe au Café Margot. Nous (5. s'asseoir) _____ à la terrasse, nous (6. commander) _____ deux bières qui (7. être) _____ très froides et nous (8. commencer) _____ à parler avec ses copains. Nous (9. regarder) _____ les gens qui (10. passer) _____ devant le café; ils (11. se presser) _____ car c' (12. être) _____ la fin de l'après-midi. Nous (13. parler) _____ de beaucoup de sujets différents. Le temps (14. passer) _____ vite. Nous (15. être) _____ là depuis deux heures et nous (16. venir) _____ de commander une autre bière, quand je / j' (17. regarder) _____ ma montre et je / j' (18. penser) _____ au dîner chez Mme Fouché. Je (19. ne pas vouloir) _____ manquer un de ses bons repas. Nous (20. payer) _____ nos bières et nous (21. dire) _____ au revoir aux copains. Nous (22. se presser) _____, mais nous (23. arriver) _____ en retard pour le repas du soir. Mme Fouché (24. se fâcher) _____ un peu, mais en fait, elle (25. savoir) _____ que nous (26. avoir besoin) _____ de nous détendre. De toute façon, je / j' (27. s'amuser) _____ et je / j' (28. décider) _____ de retourner souvent dans ce café.

F. Déjà? Complétez chaque phrase par le plus-que-parfait du verbe entre parenthèses. Attention! L'adverbe **(déjà, encore)** est placé entre le verbe auxiliaire et le participe passé.

MODELE   Quand le taxi est arrivé, je *n'avais pas **encore** pris* le petit déjeuner. (ne pas encore prendre)

1. Quand je suis arrivé(e), la classe _____. (commencer déjà)

2. Quand j'ai allumé l'ordinateur, j' _____ beaucoup de courrier. (recevoir déjà)

3. Je ne pouvais pas aller au café parce que je _____ ma dissertation. (ne pas encore finir)

4. J'ai téléphoné à ma copine, mais elle _____ pour la bibliothèque. (partir déjà)

5. Heureusement, avant mon départ pour l'université, mes grands-parents _____ à utiliser l'Internet et le courrier électronique. (apprendre déjà)

G. L'après-midi d'Anne-Marie. Mettez chaque verbe entre parenthèses au temps du passé qui convient pour compléter le paragraphe suivant.

Hier, Anne-Marie (1. vouloir) _____ regarder la télé parce qu'elle (2. s'ennuyer)

_____ . Quand elle (3. rentrer) _____ , elle (4. descendre) _____ au

salon. Puisqu'elle ne (5. savoir) _____ pas quelles émissions (6. être) _____ bonnes,

elle (7. consulter) _____ le programme, puis elle (8. choisir) _____ une émission et

elle (9. allumer) _____ la télé. Elle (10. désirer) _____ surtout voir son feuilleton

préféré. Elle (11. prendre) _____ un coca et (12. s'installer) _____ confortablement

dans un fauteuil. Elle (13. commencer) _____ à regarder la télé, mais elle (14. ne pas trouver)

_____ l'émission qu'elle (15. vouloir) _____ voir. Elle (16. être) _____

étonnée, mais elle (17. se rendre compte) _____ qu'elle (18. se tromper) _____ de

jour. C' (19. être) _____ mardi! Elle (20. décider) _____ de sortir. Elle (21. se laver)

_____ les cheveux, elle (22. s'habiller) _____ et elle (23. partir) _____

au cinéma vers 18 h. Il (24. être) _____ temps parce qu'elle (25. arriver) _____ au

moment où on (26. fermer) _____ la porte.

H. L'histoire de la presse française. Voici quelques faits et dates importants de l'histoire de la presse française au XXe siècle. D'abord, lisez les textes. Ensuite, choisissez une date et réécrivez le texte en utilisant les temps du passé qui conviennent.

1945 Premier numéro de *Elle*

Hélène Gordon-Lazareff lance un nouveau magazine féminin: *Elle*. La journaliste a précédemment travaillé aux Etats-Unis pour *Marie-Claire*. L'édition est hebdomadaire et compte vingt-quatre pages. Hélène Gordon-Lazareff est la première à introduire la photo couleur dans un magazine français.

1946 Premier numéro de *L'Equipe*

Le quotidien sportif *L'Equipe* succède à *L'Auto-Vélo* qui a été créé en 1900 par Henri Desgrange et interdit de publication à la Libération. Jacques Goddet, le directeur de l'édition, use de ses relations avec la résistance pour réhabiliter le journal sous une autre forme. *L'Equipe* est d'abord publié trois fois par semaine. A partir de 1948, il devient quotidien. Il est racheté par le groupe Amaury en 1968.

1949 Fondation de *Paris-Match*

L'homme d'affaires français Jean Prouvost lance une nouvelle formule du journal sportif *Match* qu'il a racheté en 1938. Le nouveau magazine d'actualité s'appelle désormais *Paris-Match*. Son contenu est largement inspiré de la revue américaine *Life*. Le premier ministre britannique Winston Churchill est en couverture du premier numéro.

1953 *L'Express* sort en kiosque

Jean-Jacques Servan-Schreiber et Françoise Giroud créent *L'Express*, un supplément hebdomadaire du quotidien *Les Echos*. En 1964, sur l'exemple du *Time*, il change de look et deviendra un «news magazine» généraliste à succès. En 1970, lors du départ de Servan-Schreiber pour devenir secrétaire général du Parti radical, des journalistes quittent la rédaction et fondent un concurrent, *Le Point*. *L'Express* affiche aujourd'hui un tirage de 600 000 exemplaires.

1973 Lancement de *Libération*

Le 1er numéro du quotidien de gauche *Libération* est publié sous la direction de Jean-Paul Sartre et Serge July. Original par son mode de gestion (égalité pour tout le personnel) et sa ligne rédactionnelle («l'indépendance à tout prix»), il est vite confronté à de graves problèmes financiers et d'organisation. Il ferme en 1981 et réapparaît quelques mois plus tard, modernisé mais plus classique. *Libération* bénéficie aujourd'hui d'une diffusion de près de 170 000 exemplaires.

_____

_____

_____

_____

_____

_____

_____

_____

_____

_____

_____

_____

La rédaction par étapes

A la une. Vous êtes un(e) jeune journaliste et, pour prouver votre talent, votre rédacteur-en-chef vous demande d'écrire un article sensationnel pour le journal sur un événement récent. Le sujet est libre, l'important est d'attirer l'attention de vos lecteurs.

Etape 1: Mise en train

A. Quand vous ouvrez votre journal favori, que cherchez-vous en premier et pourquoi? C'est là, sans doute, une indication du genre d'article que vous allez préférer écrire et cette réflexion va orienter votre choix vers un sujet.

 B. Vous allez lire plusieurs articles à sensation dans la presse française directement en ligne dans *Le Monde*, *L'Express* et *Le Nouvel Observateur* et vous allez décider du genre d'article que vous voulez écrire (par exemple un article sur un événement politique, culturel, sportif, sur un fait divers).

C. Ensuite, dans les exemples que vous avez sélectionnés, vous allez étudier le mode de narration du (de la) journaliste et observer les éléments stylistiques utilisés (longues descriptions, énumération de verbes d'action, utilisation des temps du passé pour augmenter l'effet dramatique, richesse du vocabulaire).

Etape 2: S'exprimer par écrit

D. Maintenant que vous avez choisi votre sujet ainsi que le style de narration que vous préférez, vous allez rédiger votre article en utilisant une variété de temps du passé pour rendre votre récit plus vivant.

SYSTÈME-D

Utilisez les rubriques suivantes dans le **Système-D:**

Phrases: describing the past, sequencing events
Vocabulary: time expressions
Grammar: compound past tenses (**passé composé** and **plus-que-parfait**)

▶ A l'écran!

La presse et le message

A. Préparons-nous. Avant de visionner le segment sélectionné pour cet exercice, répondez aux questions suivantes.

1. Quels genres de journaux aimez-vous lire?

_____

_____

2. Quelles rubriques vous intéressent particulièrement?

_____

_____

3. Lisez-vous parfois les faits divers? Dites pourquoi ou pourquoi pas.

_____

_____

4. Imaginez que vous êtes journaliste, sur quel sujet aimez-vous écrire? Pourquoi?

_____

_____

5. Selon vous, peut-on toujours faire confiance aux journalistes? Expliquez votre point de vue.

_____

_____

Vous avez compris?

B. Vrai ou faux? Après avoir regardé ce segment au moins deux fois, indiquez si les affirmations suivantes sont vraies **(V)** ou fausses **(F)**.

_____ 1. Olivier travaille sur un vaste projet.

_____ 2. Ce projet concerne seulement quelques pays.

_____ 3. Elodie sait ce que veut dire «anti-tartage».

_____ 4. Le premier ministre du Québec a peur de se faire «entarter».

_____ 5. Il est impossible de détecter les «entartistes».

_____ 6. La manie de déplacer les meubles peut provoquer un divorce.

_____ 7. Un architecte s'est construit une maison-escargot.

_____ 8. Une centaine d'éventails ont disparu à Hanoï.

_____ 9. Elodie taquine gentiment Olivier au sujet de son projet.

_____ 10. Lucas souhaite faire partie du roman d'Olivier.

C. Questions. Regardez à nouveau ce segment vidéo et répondez aux questions suivantes par une phrase complète.

1. Olivier fait une collection originale. De quoi s'agit-il?

   _____

2. Comment le premier ministre du Québec va-t-il se protéger contre les entartistes?

   _____

3. Pourquoi les habitants du XIIIe arrondissement sont-ils mécontents?

   _____

4. Pour quelle raison Olivier donne-t-il tant d'importance aux faits divers?

   _____

5. Quel va être, selon Lucas, le projet final d'Olivier?

   _____

D. A vous la parole!

1. Quel fait divers de ce segment trouvez-vous le plus amusant? Pourquoi?

   _____

   _____

2. Qu'est-ce que le terme «entartage» signifie?

   _____

   _____

3. Est-ce que l'entartage est une pratique courante aux Etats-Unis? Expliquez.

   _____

   _____

4. Quel fait divers récemment mentionné dans la presse vous a particulièrement intéressé(e)? Racontez-le brièvement.

   _____

   _____

5. Trouvez-vous que les faits divers constituent ce que la presse offre de plus intéressant? Justifiez votre réponse.

   _____

   _____

Chapitre 6
Le mot et l'image

Activités orales

Pour mieux comprendre

 CD3-20

Les amateurs de cinéma. Ecoutez attentivement la conversation entre Christine et Philippe, puis faites les exercices suivants. Vous pouvez écouter la conversation plusieurs fois, si cela est nécessaire.

A. Compréhension générale. Cochez (✓) la réponse correcte aux questions suivantes.

☐ oui ☐ non 1. Philippe est-il un passionné de cinéma?

☐ oui ☐ non 2. Philippe préfère-t-il les films français en général?

☐ oui ☐ non 3. Christine partage-t-elle la passion de Philippe?

☐ oui ☐ non 4. Philippe veut-il connaître les goûts *(tastes)* de Christine en ce qui concerne le cinéma?

☐ oui ☐ non 5. Christine s'intéresse-t-elle beaucoup aux metteurs en scène?

☐ oui ☐ non 6. Christine aime-t-elle les films classiques?

☐ oui ☐ non 7. Alain Resnais est-il un acteur français?

☐ oui ☐ non 8. Christine aime-t-elle voir deux fois le même film?

☐ oui ☐ non 9. L'université présente-t-elle un festival de cinéma?

☐ oui ☐ non 10. François Truffaut est-il un metteur en scène célèbre?

B. Choisissez la bonne réponse. D'après cette conversation, choisissez la bonne réponse pour compléter les phrases suivantes.

1. Christine interroge Philippe à propos du (cinéma italien / cinéma en général / dernier film qu'il a vu).

2. Philippe veut savoir si Christine (s'intéresse au cinéma italien / va souvent au cinéma / choisit ses films en fonction de la vedette).

3. Christine explique à Philippe qu'elle (n'aime pas vraiment le cinéma / s'intéresse surtout aux metteurs en scène / va surtout voir des superproductions).

4. Philippe demande à Christine si elle (aime voir le même film plusieurs fois / va voir seulement des films classiques / connaît plusieurs metteurs en scène).

5. Philippe annonce à Christine (qu'il y a un ciné-club à l'université / que Truffaut organise un festival / qu'il y a un festival qui présente tous les films d'un grand metteur en scène).

C. Compréhension détaillée. Complétez le paragraphe suivant pour résumer les opinions de Christine à propos du cinéma.

Christine n'est pas vraiment _____. Elle déteste _____. Elle préfère voir

les films _____. Elle retourne souvent voir le même film si c'est _____.

Elle va probablement aller au _____ avec Philippe pour voir les films de Truffaut.

🔊 CD3-21

D. Un vieux film d'Elvis. Ecoutez attentivement la conversation entre Marc et Béatrice puis entourez d'un cercle la bonne réponse. Vous pouvez écouter la conversation plusieurs fois, si cela est nécessaire.

1. Qu'est-ce qui se passe ce soir?

   a. Marc et Christine vont voir un film chez Béatrice.

   b. Béatrice va au cinéma seule ce soir.

   c. Marc invite Béatrice à aller au cinéma.

2. Pourquoi faut-il partir à huit heures?

   a. Le cinéma Royal est en ville.

   b. Marc ne sait pas où se trouve le cinéma.

   c. Béatrice n'aime pas arriver en retard.

3. Pourquoi dit-on que ce film est en version originale?

   a. C'est un film américain doublé en français.

   b. C'est un film américain en anglais.

   c. C'est un film français en anglais.

4. Quel film est-ce qu'on passe ce soir au Royal?

   a. Un film d'Elvis Presley en français.

   b. Un film où Elvis Presley chante en français.

   c. Un film d'Elvis Presley entièrement en anglais.

5. A quelle heure commence le film?

   a. A huit heures.   **b.** Avant huit heures.   **c.** Après huit heures.

🔊 CD3-22

E. Allons au cinéma. Ecoutez attentivement la conversation entre trois amis, Armand, Marguerite et Nicole, puis répondez aux questions suivantes par une phrase complète. Vous pouvez écouter la conversation plusieurs fois, si cela est nécessaire. Il est également utile de lire les questions avant d'écouter la conversation.

1. Quand les amis vont-ils au cinéma?

   _____

2. Quel film Armand suggère-t-il d'aller voir—*Les Choristes, Un long dimanche de fiançailles* ou *Ninotchka*?

   _____

3. Qui est Jacques Perrin?

_____

4. Pourquoi les amis décident-ils de ne pas aller voir *Un long dimanche de fiançailles*?

_____

5. Quel film est-ce que les amis décident d'aller voir finalement? Pourquoi?

_____

6. Où passe le film?

_____

7. A quelle heure est-ce que les amis se donnent rendez-vous?

_____

8. Pourquoi est-ce que les amis veulent arriver avant le début du film?

_____

A vous la parole!

 CD3-23

F. Un sondage sur le cinéma. Vous participez à une enquête sur les préférences en matière de cinéma. Répondez sincèrement aux questions suivantes.

> MODELE VOUS ENTENDEZ: Est-ce que vous aimez les films d'épouvante?
> VOUS DITES: *Oui, j'aime les films d'épouvante.*
> OU *Non, je n'aime pas les films d'épouvante.*

(Numéros 1 à 7)

 CD3-24

G. Je ne t'ai pas entendu(e). Votre ami(e) français(e) et vous discutez au téléphone mais la communication est mauvaise. Posez des questions pour clarifier la conversation en utilisant les expressions proposées. Utilisez aussi l'inversion.

> MODELE VOUS ENTENDEZ: Nous allons sortir parce que...
> VOUS LISEZ: pourquoi
> VOUS DITES: *Pourquoi allez-vous sortir?*

1. quand	3. à quelle heure	5. où	7. où
2. pourquoi	4. comment	6. combien	8. à quelle heure

CD3-25

H. A quelle heure ouvre… ? Vous téléphonez pour vérifier les heures d'ouverture de plusieurs endroits que vous voulez visiter. Modifiez l'heure selon l'usage de la conversation puis répétez chaque phrase.

> MODELE VOUS ENTENDEZ: Le musée d'art moderne ouvre à 14 h.
>
> VOUS DITES: *Le musée d'art moderne ouvre à deux heures de l'après-midi.*

(Numéros 1 à 7)

 CD3-26

I. Rêvez-vous d'être journaliste? Dans le cadre de votre cours de cinéma, une actrice célèbre visite votre campus et vous l'interrogez pour écrire un article pour le journal de votre université. Posez-lui des questions en utilisant les expressions proposées.

> MODELE VOUS ENTENDEZ: Je travaille avec des acteurs très célèbres.
>
> VOUS LISEZ: avec qui
>
> VOUS DITES: *Avec qui est-ce que vous travaillez?*

1. auxquelles
2. de quoi
3. qui est-ce que

4. de qui s'agit-il
5. qui est-ce que
6. lequel / préférer

7. qu'est-ce que / faire

 CD3-27

J. Vous voulez savoir. Posez une question en choisissant la forme appropriée de **lequel** selon ce que vous entendez.

> MODELE VOUS ENTENDEZ: J'aime beaucoup cette actrice française.
>
> VOUS DEMANDEZ: *Laquelle?*

(Numéros 1 à 5)

 CD3-28

K. Les expressions idiomatiques. Vous allez au cinéma avec un ami. Utilisez les expressions données pour répondre à ses questions. Ajoutez une préposition si cela est nécessaire.

> MODELE VOUS ENTENDEZ: De quoi parle ce film?
>
> VOUS LISEZ: s'agir / une histoire d'amour
>
> VOUS DITES: *Il s'agit d'une histoire d'amour.*

1. falloir / regarder dans *Pariscope*
2. faire la queue / pour acheter des billets
3. oui / se souvenir / de cette actrice

4. je / déjà / payer / les billets
5. attendre / ma copine
6. téléphoner / Anne

CD3-29

Proverbe

Vous allez entendre un proverbe français. Choisissez la phrase qui explique le sens de ce proverbe.

Il ne faut pas se fier aux *(trust)* apparences.

a. Il est important de faire confiance aux autres.

b. Il vaut mieux se méfier *(to be suspicious)* des autres.

c. Les apparences sont trompeuses *(misleading)*.

d. Il convient de croire à ce que l'on voit.

 CD3-30

Francophones en direct

Saïda et le cinéma maghrébin. Ecoutez l'interview suivante dans laquelle Saïda parle du cinéma maghrébin puis répondez aux questions. Vous pouvez écouter la conversation plusieurs fois, si cela est nécessaire.

> **Vocabulaire utile**
> **le Maghreb** *region of northwest Africa comprising Morocco, Tunisia, and Algeria*
> **attirer** *to attract*
> **le paysage** *landscape*
> **la chaîne du Rif** *Rif chain of mountains (Morocco)*
> **l'Atlas** *Atlas mountains*
> **la lumière** *light*
> **un cadre féérique** *fairytale setting*

1. Quels genres de films sont tournés au Maghreb?

   _____

   _____

2. Pourquoi les cinéastes aiment-ils tourner au Maghreb?

   _____

3. Quels cinéastes français ont tourné *Le Chevrier marocain* au Maroc et en Tunisie?

   _____

4. En quelle année ont-ils tourné ce film?

   _____

5. Quels metteurs en scène célèbres ont tourné des films au Maghreb pendant les années 50?

   _____

6. Qu'est-ce qu'on voit de plus en plus au Maghreb qui indique que le cinéma maghrébin se développe?

   _____

7. Quels sont quelques thèmes favoris des cinéastes maghrébins?

   _____

8. Qu'est-ce qui attire chaque année beaucoup d'acteurs, d'actrices et de metteurs en scène célèbres?

   _____

CD3-31

Prononcez bien!

L'enchaînement des mots: la liaison (suite)

La liaison interdite

Il existe certains cas où l'on ne fait jamais la liaison.

1. entre un nom ou pronom (nom personnel) + verbe

   MODELES   Auguste et Louis inventent le cinématographe.
                      Chacun arrive sur le plateau.

2. entre un nom singulier + caractérisant

   MODELES   un dessin animé
                      un guichet automatique

3. entre certains mots interrogatifs (**quand, comment, combien [de temps]**) + groupe verbal

   MODELES   Depuis quand est-il acteur?
                      Comment explique-t-on le succès de ce film?

4. après la préposition **et**

   MODELES   un metteur en scène et une réalisatrice
                      ici et ailleurs

5. devant un mot qui commence par un **h** aspiré[1]

	MODELES		
		un handicap	[œ̃'ɑdikap]
		en haut	[ɑ̃'o]
mais		des habits	[dezabi]

 CD3-32

La liaison facultative

La réalisation de la liaison facultative (cas autres que ceux mentionnés dans les deux types précédents) dépend du niveau de langage utilisé (soutenu ou moins formel). En voici quelques exemples:

MODELES

style soutenu	style familier
Nous sommes arrivés.	Nous sommes arrivés.
Pas avant demain!	Pas avant demain!
Il ne travaille plus ici.	Il ne travaille plus ici.

[1] En cas de doute, vérifiez la transcription phonétique du mot dans un dictionnaire: les mots commençant par un **h** aspiré seront précédés du symbole [*].

CD3-33

A votre tour!

A. Ecoutez et répétez les phrases suivantes.

1. Comment as-tu trouvé ce film?

2. J'ai acheté un billet et une revue.

3. J'ai annulé mon abonnement annuel.

4. Emmanuelle Béart est connue pour son rôle dans *Manon des sources*.

5. Tous les cinéastes connaissent des hauts et des bas.

CD3-34

B. D'abord, lisez les phrases suivantes puis indiquez si les liaisons sont obligatoires (‿) ou interdites (/). Ensuite, écoutez les phrases, puis répétez-les.

1. Le cinéma français est populaire en France et à l'étranger.

2. Parmi ces acteurs, lesquels ont gagné un prix à Cannes?

3. Ce qui est important, c'est un bon scénario et une histoire bien écrite.

4. Bernard a préféré la version originale.

5. Quand arrive-t-il? A deux heures et demie?

CD3-35

C. Lisez le texte suivant sur *L'Enfant*, le film qui a reçu la Palme d'Or au Festival de Cannes de 2005, et indiquez si les liaisons sont obligatoires **(O)**, interdites **(I)** ou facultatives **(F)**. Ensuite, écoutez le texte.

Dans *L'Enfant*, Jérémie Rénier (1. _____) incarne Bruno, un jeune homme de vingt (2. _____) ans dont le quotidien (3. _____) est fait de larcins (4. _____) et de trafics en tous genres. Sa petite amie Sonia, dix-huit (5. _____) ans, vient de donner naissance à leur fils, Jimmy, mais Bruno ne semble pas prêt (6. _____) à assumer cette paternité. Les frères Dardenne mêlent (7. _____) une nouvelle fois, dans ce drame, l'intime et le social. Ils (8. _____) ont (9. _____) eu l'idée de ce film en voyant (10. _____) un jour passer (11. _____) et repasser une jeune fille qui poussait (12. _____) un landau: «Souvent, nous (13. _____) avons repensé à cette jeune femme, à son landau, à l'enfant (14. _____) endormi et à celui qui n'était pas là, le père de l'enfant. L'absent qui allait devenir important dans notre histoire. Une histoire d'amour qui est (15. _____) aussi l'histoire d'un père.»

Nom _____ Date _____

Activités écrites

Structures et vocabulaire actif

🔊 CD3-36

Dictée

Le cinéma français. Est-ce que le cinéma français va survivre face à la télévision et aux DVD? Vous allez entendre le passage suivant trois fois. La première fois, écoutez simplement, la deuxième fois, écrivez et la troisième fois, vérifiez attentivement votre texte.

_____

_____

_____

_____

_____

_____

_____

_____

_____

_____

_____

A. Un petit test sur le cinéma et les films. Lisez chaque série de mots. Puis, indiquez le mot qui n'est pas logique.

MODELE   le guichet   un caissier   ~~le tournage~~   un billet

1. un metteur en scène   un cinéphile   un maquilleur   une actrice

2. l'ouvreuse   la place   le billet   l'abonnement

3. les sous-titres   le générique   la version originale   la version doublée

4. un dessin animé   une affiche   un western   un film policier

5. le plateau   le tarif   le tournage   le décor

6. l'intrique   les effets spéciaux   la séance   l'interprétation

7. le cinoche   une salle de cinéma   un ciné-club   une vedette

8. un cinéaste   un réalisateur   un personnage   un metteur en scène

B. Comment ça se passe en France? Votre correspondant(e) en France répond à vos questions au sujet du cinéma. Ecrivez une question logique pour chacune de ses réponses. Employez l'adverbe interrogatif indiqué.

MODELE   *Où se trouvent les cinémas en général?*
          Les cinémas se trouvent au centre-ville en général. (où)

1. _____

   Ça ne coûte pas cher d'aller au cinéma. (combien)

2. _____

   Il y a des séances pendant l'après-midi et le soir. (quand)

3. _____

   Nous nous retrouvons devant le cinéma. (où)

4. _____

   On peut obtenir un tarif plus intéressant avec une carte d'étudiant. (comment)

5. _____

   Je préfère les films classiques parce qu'ils sont bien faits. (pourquoi)

6. _____

   Après le film, nous allons au café. (où)

7. _____

   Je vais au cinéma trois ou quatre fois par mois. (combien)

8. _____

   C'est une façon de s'amuser ensemble sans dépenser trop d'argent. (pourquoi)

C. A quelle heure? Un ami veut savoir à quelle heure vous avez fait hier les activités suivantes. Employez les éléments donnés pour écrire ses questions. Puis, répondez aux questions.

MODELE   tu / se lever

A quelle heure est-ce que tu t'es levé(e)?

Je me suis levé(e) à six heures du matin.

1. tu / prendre le petit déjeuner

_____

_____

2. tu / avoir ton premier cours

_____

_____

3. tu / rentrer de l'université

_____

_____

4. tu / se coucher

_____

_____

D. Je ne comprends pas. Votre amie vous parle d'un film qu'elle vient de voir, mais vous ne comprenez pas très bien. Employez les expressions interrogatives **qui, qui est-ce que, qu'est-ce qui, qu'est-ce que** + préposition + **quoi** pour lui poser des questions.

MODELE   Je viens de voir un film très étrange.

Qu'est-ce que tu viens de voir?

1. Le personnage principal était un jeune étudiant.

_____

2. Il voulait voler de l'argent dans une banque.

_____

3. Le gardien de la banque a sonné l'alarme.

_____

4. Le jeune étudiant a pensé à s'échapper *(escape)* le plus vite possible.

_____

5. Mais c'était trop tard pour s'échapper.

_____

6. Les gendarmes ont arrêté le jeune étudiant.

_____

E. Quel… ? Voici quelques phrases d'une des lettres de votre correspondant(e) français(e). Posez une question à propos de chacune des phrases suivantes en employant l'adjectif interrogatif **quel.**

MODELE   J'ai un frère.

Quel est son nom?

OU   *Quel âge a-t-il?*

1. Ma famille a acheté une nouvelle voiture.

_____

2. Mes copains et moi, nous regardons toujours une émission américaine célèbre à la télé.

_____

3. Mais il y a certaines émissions américaines que nous n'aimons pas.

_____

4. J'ai une sœur.

_____

5. Mes parents m'ont offert deux cadeaux superbes pour mon anniversaire.

_____

F. Lequel? Au début du cours, votre professeur de français donne quelques clarifications. Posez une question logique après chaque phrase en employant la forme convenable du pronom interrogatif **lequel** dans une phrase complète.

MODELE   Nous allons étudier deux chapitres demain.

Lesquels est-ce que nous allons étudier?

OU   *Lesquels allons-nous étudier?*

1. Certains étudiants ne sont pas obligés de passer l'examen de fin d'année.

_____

2. Pour vos devoirs, il faut consulter au moins trois sources d'information.

_____

3. Je vais annuler une de vos petites interrogations.

_____

4. L'année prochaine, vous allez avoir le choix entre deux cours de français.

_____

5. Pour le prochain cours, il faut apporter un de vos dictionnaires.

_____

G. Vous voulez tout savoir! Posez les questions apppropriées.

1. Vous voulez savoir à quelle heure votre colocataire va rentrer.

_____

2. Vous voulez savoir si votre professeur a rendu les examens.

_____

3. Vous téléphonez au cinéma pour savoir à quelle heure est la dernière séance.

_____

4. Vous demandez à votre copine si elle veut aller au cinéma samedi soir.

_____

5. Vous voulez savoir ce que votre ami a fait pendant les vacances.

_____

6. Vous avez entendu une histoire et vous voulez savoir qui croit que cette histoire est vraie.

_____

7. Vous demandez à une amie avec qui elle est sortie hier soir.

_____

8. Vous demandez à vos parents où ils vont aller en voyage cet été.

_____

9. Vous demandez à votre professeur quelles vedettes ont du succès en France actuellement.

_____

10. Vous n'êtes pas allé(e) à la soirée chez votre ami samedi dernier et vous voulez savoir ce qui s'est passé.

_____

H. Des renseignements supplémentaires. Choisissez un des films de la liste suivante ou un autre film que vous avez vu et répondez aux questions par une phrase complète.

Il y a longtemps que je t'aime *Harry Potter et le Prince de sang mêlé*
Hors de prix *Twilight*
Le Chevalier noir *Slumdog Millionaire*

un autre choix: _____

1. Qui est le metteur en scène de ce film?

_____

2. Qui a joué le rôle principal?

_____

3. Quels étaient les acteurs secondaires?

_____

_____

4. Quel genre de film est-ce?

_____

5. A quel public le film est-il destiné?

_____

_____

6. Qu'est-ce qui se passe dans le film?

_____

_____

7. Qu'est-ce que vous avez aimé dans le film?

_____

_____

8. Comment avez-vous trouvé l'interprétation des acteurs?

_____

_____

9. Quels effets spéciaux avez-vous remarqués?

_____

_____

10. Est-ce que vous recommandez ce film? Pourquoi ou pourquoi pas?

_____

_____

I. Ah bon? Imaginez que vous venez d'entendre les phrases suivantes. Pour chaque phrase, composez une réaction sous forme de question.

MODELE   Ma copine vient de partir.
Ah bon? Où est-elle allée?

1. J'ai un nouveau prof de français.

    _____

2. Nous avons fait une excursion samedi dernier.

    _____

3. Mon père travaillait en Alaska.

    _____

4. Je vais passer le semestre prochain en France.

    _____

5. Je suis de retour!

    _____

6. Quelqu'un vient de téléphoner.

    _____

7. J'ai vu trois films français le week-end dernier.

    _____

8. Mon copain a reçu une invitation.

    _____

9. Ma famille a fait un voyage en Chine.

    _____

10. Je vais bientôt acheter une nouvelle voiture.

    _____

J. Plusieurs Marianne pour un nouveau timbre. Lors de chaque mandat présidentiel, La Poste change le timbre Marianne. Pour la première fois, tous les Français sont invités à en devenir les créateurs. Les dessins doivent illustrer l'engagement de Marianne pour l'environnement et les valeurs fondamentales de la République (liberté, égalité, fraternité). Parmi les 50 000 dessins reçus, voici les dix finalistes sélectionnés. Imaginez que vous faites partie du jury; pour vous aider à faire votre sélection finale, composez une question pour chacun des dix finalistes.

1. _____

2. _____

3. _____

4. _____

5. _____

6. _____

7. _____

8. _____

9. _____

10. _____

La rédaction par étapes

Un entretien imaginaire avec un(e) cinéaste de votre choix. Vous avez la chance de pouvoir interviewer votre cinéaste préféré(e). Vous allez l'interviewer sur sa façon de travailler, ses goûts en matière de cinéma, ce qui détermine son choix d'un sujet, ses critères de sélection pour les acteurs qu'il / elle engage, sa conception de l'art cinématographique et ses motivations personnelles. Imaginez aussi ses réponses à vos questions. Votre article doit révéler autant que possible le profil de votre cinéaste préféré(e). Vous allez rédiger une interview qui va être publiée dans le journal des étudiants.

Etape 1: Mise en train

A. Vous allez choisir un(e) cinéaste que vous aimeriez interviewer. Vous pouvez lire des reportages dans des revues de cinéma ou sur Internet. Vous pouvez aussi relire attentivement l'article de François Truffaut, à la fin du **Chapitre 6** de votre manuel, et vous inspirer de certains de ses commentaires sur le cinéma.

B. Ensuite, à partir du vocabulaire actif présenté dans votre manuel et de votre dictionnaire, préparez une liste du vocabulaire nécessaire à la rédaction de votre brouillon. Soutenez l'attention de vos lecteurs en variant la forme de vos questions et en évitant de poser des questions trop stéréotypées; créez un élément de surprise avec les réponses que vous imaginez. Votre article doit être aussi informatif que possible en reflétant la personnalité du / de la cinéaste de votre choix, donc choisissez attentivement vos questions et évitez les verbes **être** et **avoir** autant que possible.

🌐 **C.** Rendez-vous sur le site Web d'*Interaction* pour trouver des éléments sur la critique cinématographique, l'analyse de film et le compte-rendu des films à succès.

Etape 2: S'exprimer par écrit

D. Maintenant que votre recherche est terminée, que vous avez une idée précise de l'interview que vous voulez faire avec le / la cinéaste que vous avez choisi(e) et que vos questions à lui poser sont organisées, écrivez votre composition en faisant bien attention à varier la formulation de vos questions; employez un choix varié d'adjectifs, de pronoms et d'adverbes interrogatifs.

 Utilisez les rubriques suivantes dans le **Système-D:**

Phrases: asking for an opinion, expressing an opinion

Vocabulary: entertainment, upbringing

Grammar: interrogative adjective **quel**, interrogative pronouns, interrogative adverbs

▷ A l'écran!

Le mot et l'image

A. Préparons-nous. Avant de visionner le segment sélectionné pour cet exercice, répondez aux questions suivantes.

1. Quels genres de films préférez-vous?

   _____

   _____

2. Quels sont les éléments d'un film qui sont les plus importants pour vous: le scénario, les acteurs, l'art du / de la cinéaste, les effets spéciaux? Justifiez votre réponse.

   _____

   _____

3. La musique d'un film a-t-elle une grande importance pour vous? Pourquoi?

   _____

   _____

4. Aimez-vous lire la critique d'un film avant de le voir ou préférez-vous la lire après? Quelles sont vos raisons?

   _____

   _____

5. On vous propose de faire un court métrage. Quel sujet allez-vous choisir? Pourquoi?

   _____

   _____

Vous avez compris?

B. Vrai ou faux? Après avoir visionné ce segment au moins deux fois, indiquez si les affirmations suivantes sont vraies (**V**) ou fausses (**F**).

_____ 1. Elodie a un projet à terminer d'urgence.

_____ 2. Claire-Anse souhaite savoir de quoi il s'agit.

_____ 3. Elodie veut prouver que la musique et l'image ont un rapport.

_____ 4. Elodie ne trouve aucune idée pour son projet.

_____ 5. Elodie s'inspire d'images fluviales.

_____ 6. Julien n'a pas participé au projet d'Elodie.

_____ 7. Claire-Anse propose son interprétation du projet d'Elodie.

_____ 8. Elodie n'apprécie pas les commentaires de Claire-Anse.

_____ 9. Claire-Anse travaille aussi sur un projet avec un logiciel.

_____ 10. Tante Mathilde est à nouveau en voyage à l'étranger.

C. Questions. Regardez à nouveau le segment vidéo et répondez aux questions suivantes par une phrase complète.

1. Qu'est-ce qui influence notre perception des images?

   _____

2. Quelles sont les différentes versions de la même image que présente Elodie?

   _____

3. Quelle photo Elodie a-t-elle sélectionnée pour son projet?

   _____

4. Comment Claire-Anse interprète-t-elle la version caraïbe?

   _____

5. Quelle version préférez-vous? Pourquoi?

   _____

D. A vous la parole!

1. Quels sont les aspects de la technologie qui vous intéressent le plus et que vous utilisez le plus fréquemment?

   _____

   _____

2. Vous avez très certainement déjà réalisé un projet comme celui d'Elodie. Expliquez ce projet en détails.

   _____

   _____

3. Au cinéma, quels genres de scènes préférez-vous? Pour quelles raisons?

   _____

   _____

4. Les effets spéciaux sont-ils très importants pour vous? Expliquez votre point de vue.

   _____

   _____

5. La réalité virtuelle vous semble-t-elle prendre de plus en plus d'importance? Expliquez pourquoi.

   _____

   _____

Chapitre 7

Les transports et la technologie

Activités orales

Pour mieux comprendre

🔊 CD4-2

Le voyage extraordinaire de Marie-France. Ecoutez attentivement la conversation entre Eric et Marie-France, puis faites les exercices suivants. Vous pouvez écouter la conversation plusieurs fois, si cela est nécessaire.

A. Compréhension générale. Cochez (✓) la réponse correcte aux questions suivantes.

☐ oui ☐ non 1. Marie-France a passé un semestre aux Etats-Unis?

☐ oui ☐ non 2. Marie-France est contente de son voyage?

☐ oui ☐ non 3. Marie-France avait pris un billet aller simple?

☐ oui ☐ non 4. Marie-France a pu atterrir à New York?

☐ oui ☐ non 5. Marie-France a récupéré ses bagages à son arrivée?

☐ oui ☐ non 6. Une copine de Marie-France lui a prêté des vêtements?

☐ oui ☐ non 7. Marie-France a pris le vol 56 à destination de Paris?

☐ oui ☐ non 8. Le voyage de retour s'est bien terminé?

B. Mais encore… Complétez les phrases suivantes d'après la conversation que vous venez d'entendre.

1. Marie France est allée aux Etats-Unis pour (travailler / faire des études / rendre visite à ses amis).

2. Le voyage de Marie-France a été (catastrophique / dangereux / agréable).

3. Quand elle est arrivée, sa valise (n'était pas encore partie de Paris / était perdue à New York / était partie sur un autre vol).

4. Marie-France a pu se débrouiller parce qu'elle (avait un sac de voyage / avait une amie à New York / a acheté des vêtements à New York).

5. Le vol Air France numéro 56 (a décollé à l'heure / n'a pas réussi à décoller / a dû être annulé).

C. Compréhension détaillée. Complétez le paragraphe suivant pour résumer les détails les plus importants du voyage de Marie-France.

Marie-France a fait un voyage aux Etats-Unis. Elle a pris un billet _____, un vol direct. Mais quand elle _____, elle n'a pas trouvé sa _____. Marie-France s'est débrouillée pendant _____ avant de récupérer ses _____. Le voyage de retour n'a pas bien commencé non plus. Quand elle est arrivée à l'aéroport, une voix annonçait _____ qu'on _____ son vol. Finalement, elle est montée à bord d'un autre avion et il n'y a pas eu d'autres problèmes.

🔊 CD4-3

D. Dans le train. Ecoutez attentivement la conversation suivante entre Christine et Olivier. Ensuite, indiquez si les phrases suivantes sont vraies **(V)** ou fausses **(F)**. Vous pouvez écouter la conversation plusieurs fois si cela est nécessaire.

_____ 1. Christine avait réservé une place dans le train.

_____ 2. Elle avait prévu son voyage à Lyon depuis longtemps.

_____ 3. Christine ne voulait pas être obligée de voyager debout.

_____ 4. Le train est vraiment plein de voyageurs aujourd'hui.

_____ 5. Olivier étudie le droit à Montpellier.

_____ 6. Christine est étudiante à la fac de Lyon.

_____ 7. Olivier et Christine découvrent qu'ils ont un ami en commun.

_____ 8. Quelqu'un attend Olivier à la gare de Montpellier.

_____ 9. Jacques Borelli vient chercher Christine en voiture.

_____ 10. Olivier va être obligé de prendre le bus.

E. A vous! D'après la conversation que vous venez d'entendre, trouvez le mot ou l'expression juste pour compléter les phrases suivantes de façon logique.

1. Pour ne pas voyager debout dans le train, il faut _____.

2. Le train est divisé en _____.

3. Pour prendre le train, il faut aller à _____.

4. Si un étudiant veut étudier le droit, il doit aller à _____.

5. Quand vous arrivez, c'est agréable d'avoir un ami qui vient vous _____.

🔊 CD4-4

F. Quel moyen de transport préfères-tu? Ecoutez attentivement cette conversation entre quatre amis. Ensuite, répondez aux questions par des phrases complètes. Vous pouvez écouter la conversation plusieurs fois, si cela est nécessaire.

1. Quand les amis partent-ils en vacances? _____

2. Où vont-ils? _____

3. De quels moyens de transport les amis parlent-ils? _____

4. Quel moyen de transport les amis décident-ils de prendre? _____

5. Pourquoi est-il difficile de voyager pendant les périodes de vacances? _____

6. Qui est Gaston? _____

7. Quel service les amis vont-ils demander à Gaston? _____

A vous la parole!

🔊 CD4-5

G. Prendre le métro—la première fois. C'est votre premier trajet en métro à Paris et votre ami français vérifie que vous savez vous débrouiller. Répondez affirmativement à ses questions en remplaçant les compléments d'objet direct par les pronoms correspondants.

MODELE   VOUS ENTENDEZ: Vois-tu la bouche de métro?
                     VOUS DITES: *Oui, je la vois.*

(Numéros 1 à 5)

🔊 CD4-6

H. De retour de vacances. Vous rentrez à Montpellier après un voyage en Algérie. Un ami vous demande comment s'est passé votre vol et comment était votre voyage. Répondez affirmativement à ses questions en remplaçant les compléments d'objet indirect par les pronoms correspondants.

MODELE   VOUS ENTENDEZ: As-tu parlé à l'hôtesse?
                     VOUS DITES: *Oui, je lui ai parlé.*

(Numéros 1 à 5)

🔊 CD4-7

I. Le voyage aux Etats-Unis commence. Vous prenez le train de Montpellier à Paris, où vous allez passer une semaine avant de rentrer aux Etats-Unis. Un ami vous accompagne à la gare. Répondez à ses questions de façon affirmative en utilisant soit **y** soit **en** selon le cas.

MODELE   VOUS ENTENDEZ: Vas-tu arriver à la gare de Lyon?
                     VOUS DITES: *Oui, je vais y arriver.*

(Numéros 1 à 6)

CD4-8

J. Montréal. Vous organisez un voyage pour passer un long week-end à Montréal. Un ami veut savoir quels sont vos préparatifs de voyage. Répondez à ses questions en suivant le modèle proposé et en utilisant des pronoms.

> MODELE   VOUS ENTENDEZ: Tu vas faire enregistrer ta valise?
>
> VOUS LISEZ: Non, je ne vais pas faire enregistrer ma valise.
>
> VOUS DITES: *Non, je ne vais pas la faire enregistrer.*

1. Oui, j'ai réservé une place.

2. Non, je n'ai pas acheté mon billet hier.

3. Oui, j'ai un horaire des trains.

4. Je vais à Montréal pour voir un ami.

5. Oui, il y a trois arrêts pendant le voyage.

 CD4-9

K. Les expressions idiomatiques. Alain est venu vous chercher à la gare. Répondez à ses questions selon l'information donnée. Utilisez le pronom disjoint approprié dans votre réponse.

> MODELE   VOUS ENTENDEZ: C'est à toi cette valise?
>
> VOUS LISEZ: oui
>
> VOUS DITES: *Oui, cette valise est à moi.*

1. non

2. oui

3. oui

4. oui

5. non

 CD4-10

Proverbe

Vous allez entendre un proverbe français. Choisissez la phrase qui explique le sens de ce proverbe.

Rien ne sert de courir, il faut partir à point.

a. Le point de départ est le plus important.

b. L'essentiel est de partir.

c. Courir est toujours inutile.

d. Partir trop tard, c'est prendre beaucoup de risques.

 CD4-11

Francophones en direct

Les transports au Canada. Ecoutez l'interview suivante avec Odile, une jeune Canadienne. Ensuite, choisissez la réponse logique à chaque question. Vous pouvez écouter l'interview plusieurs fois, si cela est nécessaire.

1. Où Odile habite-t-elle?

   a. au nord de Montréal

   b. au centre-ville

   c. près de son travail

2. Quel moyen de transport Odile utilise-t-elle pour aller au travail?

   a. sa voiture

   b. le tramway

   c. le métro ou l'autobus

3. Qu'est-ce qui se passe dans le métro pendant les heures de pointe?

   a. Les rames ne passent pas régulièrement.

   b. Tout se passe bien.

   c. Il y a trop de monde et pas assez de rames.

4. Qui reçoit un tarif réduit pour le métro?

   a. tous les étudiants

   b. les étudiants de moins de 25 ans

   c. les étudiants universitaires et les lycéens

5. Quel est le nouveau projet du maire de Montréal?

   a. construire une nouvelle ligne de métro

   b. construire un train à grande vitesse

   c. instaurer un système de tramways

6. En général, comment Odile préfère-t-elle voyager?

   a. en voiture

   b. en train

   c. en avion

7. D'après Odile, comment est le système ferroviaire au Canada?

   a. bon marché

   b. mauvais

   c. très moderne

8. Quand Odile voyage-t-elle en avion?

   a. pour partir en Europe

   b. pour voyager à l'intérieur du Canada

   c. pour aller à New York

Vocabulaire utile

soit *eith*
géré *managed*
environ *around*
en matière de *pertaining to*
le maire *the mayor*
instaurer *to install*
à moins que ça soit *unless it is*
le covoiturage *ride sharing*

 CD4-12

Prononcez bien!

Les groupes rythmiques

Un groupe rythmique est un mot, un groupe de mots ou une phrase terminés par une accentuation suivie d'une courte pause.

MODELES   transport
           les transports en commun
           Je prends l'avion.

Les groupes rythmiques ne sont pas divisés au hasard. Il en existe trois types:

1. **les groupes syntaxiques**

   Les mots sont regroupés selon leurs relations grammaticales. Souvent une phrase trop longue crée ce besoin de division.

   a. le groupe sujet, le groupe verbe, le groupe complément

   b. le sujet et le verbe (lorsqu'ils sont courts)

   c. le sujet, le verbe et le complément (lorsqu'ils sont courts)

   MODELES   a. Tous nos amis / sont arrivés / pour les vacances.
              b. Nous sommes partis.
              c. Vous mangez bien.

Nom _____ Date _____

2. **les groupes sémantiques**

Les mots qui forment une unité de sens sont regroupés en un même groupe rythmique.

MODELE   le chemin de fer   (*et non* le chemin / de / fer)

3. **les groupes déterminés par la ponctuation**

Une virgule ou un point détermine la fin d'un groupe rythmique. Le signe de ponctuation impose l'accentuation de la syllabe qui le précède ainsi qu'une pause de la voix.

MODELE   Jeudi prochain, / je pars.

 CD4-13

A votre tour!

A. Ecoutez et répétez les phrases suivantes.

1. L'avion atterrit.

2. Le vol 227 / est annulé.

3. J'aime prendre / les transports en commun.

4. Le vol / en provenance de Madrid / est en retard.

5. Il faut attacher / sa ceinture de sécurité.

 CD4-14

B. D'abord, indiquez les groupes rythmiques (/) dans les phrases suivantes. Ensuite, écoutez, puis faites les corrections, si nécessaire.

MODELE   Je prends le vol / à destination de Rome.

1. C'est trop court, les vacances.

2. Pendant une semaine, on va voyager.

3. Il faut trouver une bouche de métro.

4. Je dois me rendre au bureau de renseignements.

5. On va changer de compagnie aérienne au retour.

6. C'est préférable de voyager en période creuse.

7. Si tu voyages de nuit, réserve une couchette.

🔊 CD4-15

C. D'abord, indiquez les groupes rythmiques (/) dans le texte suivant sur la ville de Marseille. Ensuite, écoutez, puis faites les corrections, si nécessaire.

Ville ouverte sur la Méditerranée, Marseille nous invite à découvrir ses accents provençaux et épicés, son littoral (*coastline*) exceptionnel et sa mythique Cannebière. Une cité vivante et cosmopolite, emblème de la culture méridionale, Marseille a traversé plus de vingt-six siècles d'histoire! Six cents ans avant Jésus-Christ, les Phocéens installèrent (*established*) leur campement et fondèrent (*founded*) Massalia.

Autre particularité: si Marseille est connue pour sa promenade en bord de mer, saviez-vous que celle-ci est dotée d'un banc de 4 kilomètres? Le plus long du monde! Descendez la célèbre Cannebière jusqu'au Vieux Port et laissez-vous bercer (*be rocked*) par les effluves marines du Marché aux poissons du Quai des Belges. Flânez (*Stroll*) dans le Vieux Marseille, de l'Hôtel de Ville jusqu'à l'ancien hospice de la Vieille Charité. Puis partez à la découverte de l'ancien Quartier des Arcenaulx en passant par l'Abbaye Saint Victor et la Résidence Impériale.

Activités écrites

Structures et vocabulaire actif

🔊 CD4-16

Dictée

Paris, le métro et moi. Christophe décrit son trajet en métro. Vous allez entendre le passage suivant trois fois. La première fois, écoutez simplement, la deuxième fois, écrivez et la troisième fois, vérifiez attentivement votre texte.

_____

_____

_____

_____

_____

_____

_____

_____

_____

A. Un petit test sur les voyages. Lisez chaque série de mots. Puis, indiquez le mot qui n'est pas logique.

MODÈLE   composter, valider, enregister, ~~se déplacer~~

1. une place   un compartiment   une grève   une couchette

2. la piste   le vol   le quai   l'hôtesse de l'air

3. la gare   le chemin de fer   la ceinture   la SNCF

4. la voie   la voiture   la sortie   la rame

5. atterrir   faire une escale   attacher   décoller

6. le carnet   le distributeur   le billet   l'arrêt

7. l'indicateur   la correspondance   l'horaire   le haut-parleur

8. l'horaire   les heures de pointe   la période creuse   le comptoir

B. Un séjour à Paris. Votre amie vous a écrit une lettre pour décrire son séjour à Paris. Pour éliminer les répétitions, récrivez la lettre en remplaçant les noms **soulignés** par des pronoms. Attention à la place des pronoms et à l'accord du participe passé!

Bonjour!

Me voici à Paris! J'ai trouvé un bon petit hôtel <u>à Paris</u>. Je trouve <u>ce petit hôtel</u> très confortable. Je suis en train de visiter tous les sites touristiques importants de la ville. J'adore <u>les sites touristiques</u>. Ils sont vraiment intéressants.

Le métro est vraiment le meilleur moyen de transport. Je prends souvent <u>le métro</u> parce que je trouve <u>le métro</u> rapide et économique. Ma copine française a acheté un carnet de tickets et j'ai aussi acheté <u>un carnet de tickets</u>. Un copain qui quittait Paris m'a proposé ses tickets et j'ai acheté <u>ses tickets</u>. J'ai même vendu <u>des tickets</u> à ma copine et j'ai vendu <u>les tickets à ma copine</u> à un prix raisonnable. Nous pouvons aller n'importe où à Paris en métro et nous pouvons souvent aller à <u>ces endroits</u> sans prendre de correspondance. Mais même s'il faut prendre <u>une correspondance</u>, ce n'est pas difficile. Hier, nous sommes allées à Versailles en nous servant du RER et <u>à Versailles</u> nous avons pu visiter le château. J'ai trouvé <u>le château</u> magnifique!

A bientôt,

Alice

_____

_____

_____

_____

_____

_____

_____

_____

_____

_____

_____

C. Et vous, que faites-vous? Vos nouveaux amis français ne vous entendent pas bien la première fois que vous leur posez une question. Posez-leur chaque question une deuxième fois, mais cette fois-ci remplacez les noms par des pronoms.

> MODELE   Est-ce que je peux vous retrouver au café?
> *Est-ce que je peux vous y retrouver?*

1. Est-ce que tu es déjà allé(e) aux Etats-Unis?

_____

2. Est-ce que vous écoutez souvent des CD?

_____

3. Est-ce que vous aimez bien la musique américaine?

_____

4. Est-ce qu'on paie très cher les CD en France?

_____

5. Est-ce que vous avez souvent des ennuis d'argent?

_____

6. Est-ce que vous parlez souvent de vos problèmes à vos copains?

_____

7. Est-ce que vos parents vous aident à financer vos études?

_____

8. Est-ce que vous dépensez beaucoup d'argent pour les transports?

_____

9. Est-ce que c'est dangereux de faire du vélo à Paris?

_____

10. Est-ce que vous partez souvent passer le week-end à la campagne?

_____

D. Une conversation au café. Vous êtes au café et on vous pose les questions suivantes. Répondez en remplaçant au moins un des noms par un pronom. Faites attention à l'ordre des pronoms si vous en employez deux.

> MODELE   Vous êtes à Paris depuis longtemps?
> *Oui, j'y suis depuis longtemps.*   OU   *Non, je n'y suis pas depuis longtemps.*

1. Avez-vous trouvé une chambre facilement?

_____

2. Etes-vous étudiant(e) à la fac de droit?

_____

3. Aimez-vous bien la ville de Paris?

_____

4. Avez-vous visité beaucoup de musées à Paris?

_____

5. Avez-vous beaucoup d'amis à l'université?

_____

6. Allez-vous faire des voyages en Europe?

_____

7. Avez-vous finalement appris à utiliser le métro?

_____

8. Trouvez-vous les Français accueillants?

_____

9. Payez-vous vos études vous-même?

_____

10. Prenez-vous souvent vos repas dans les bistros?

_____

E. Voici ce qu'il faut faire. Pendant un séjour à Paris avec un groupe de l'université Paul Valéry à Montpellier, il vous faut donner des ordres. Remplacez au moins un nom par un pronom pour formuler ces ordres.

MODELE   Dites à vos amis d'envoyer des cartes postales aux Dumont.
Envoyez-en aux Dumont.
OU *Envoyez-leur des cartes postales.*
OU *Envoyez-leur-en.*

1. Dites au groupe de ne pas prendre l'autobus pour aller à Versailles.

_____

2. Dites à un copain de vous rendre l'argent qu'il a emprunté.

_____

3. Proposez au groupe d'aller au café.

_____

4. Dites au guide d'acheter des billets pour tous les étudiants.

_____

5. Dites au guide de ne pas aller à l'agence de voyages sans vous.

_____

F. Vous aidez votre ami(e). Un(e) ami(e) veut écrire à un(e) correspondant(e) en France, mais il / elle a du mal à exprimer certaines idées dans sa lettre. Aidez votre ami(e) à traduire en français les mots en *italique*.

1. *(My family and I)*, nous allons voyager en France l'été prochain.

_____

2. *(I)*, je vais accompagner mes parents, mais mes frères, Charles et Robert, *(they)*, vont arriver en France plus tard.

_____

3. *(Charles and he)* vont donc arriver plus tard que *(my parents and I)*.

_____

4. J'ai tout de suite pensé à *(you)*. Est-ce que tu peux venir avec *(us)*?

_____

5. Ma sœur est plus amusante que mes frères. C'est plus agréable de voyager avec *(her)* qu'avec *(them)*. Je tiens beaucoup à te présenter à *(her)*.

_____

G. C'est votre copain au téléphone. Votre copain français vous téléphone. Employez des pronoms objets et des pronoms disjoints pour compléter le dialogue suivant.

VOTRE COPAIN: As-tu regardé la télé hier soir?

VOUS: Oui, _____.

VOTRE COPAIN: Tu as vu le nouveau feuilleton?

VOUS: Oui, _____.

VOTRE COPAIN: Et alors, tu as bien aimé ce feuilleton?

VOUS: Oui, _____.

VOTRE COPAIN: Tu as regardé la télé avec ta famille?

VOUS: Oui, _____.

VOTRE COPAIN: Est-ce que tu as parlé de cette émission avec tes parents?

VOUS: Non, _____.

VOTRE COPAIN: Pourquoi? Es-tu sorti(e) avec tes copains après l'émission?

VOUS: Oui, _____.

VOTRE COPAIN: Tu es allé(e) au café?

VOUS: Oui, _____.

VOTRE COPAIN: Ah bon! Et as-tu retrouvé la bande?

VOUS: Non, _____.

VOTRE COPAIN: A propos, veux-tu téléphoner à Jean-Pierre pour savoir s'il veut aller au cinéma?

VOUS: Oui, _____.

VOTRE COPAIN: Tu as déjà vu le film au Rex?

VOUS: Non, _____.

VOTRE COPAIN: Alors, allons donc au Rex!

VOUS: Oui, _____.

H. A qui est-ce? Chantal est guide touristique. Elle vérifie si tout son groupe a récupéré ses affaires avant de quitter la gare. Utilisez des pronoms possessifs pour écrire les réponses affirmatives des membres de son groupe.

   MODELE   Pierre, toutes ces affaires sont à vous?   *Oui, ce sont les miennes.*

   1. Est-ce que ce blouson est à Monique? _____

   2. Et ces baskets par terre, est-ce qu'elles sont à Paul?

   _____

   3. Jacques et Antoine, ce chariot plein de bagages est-il à vous deux?

   _____

   4. Et toutes ces fringues, sont-elles à Annette et Céline?

   _____

   5. Patrick, ces journaux sont-ils à vous? _____

   6. Ce cabas là-bas, il est à moi, non? _____

   7. Ce portable qui sonne, il est à vous Christian?

   _____

   8. Qui reconnaît cette grande valise, c'est celle de Françoise et Anne?

   _____

I. Des choix à faire. Complétez chaque phrase par le pronom démonstratif (**celui, celle, ceux, celles**) convenable suivi de **-ci** ou **-là.**

   1. Vous ne prenez pas ce train-ci; vous prenez _____.

   2. Ces valises-là sont à mon amie; _____ sont les miennes.

   3. Regardez le plan. Cette rame-ci va à Montmartre et _____ à Vincennes.

   4. Non, je n'attends pas ce vol-ci; j'attends _____.

   5. Ne mettez pas votre voiture à cet endroit-ci; mettez-la à _____.

   6. Ces guichets-là ne sont pas ouverts; il faut aller à _____.

J. Pendant une soirée. Voici des bribes *(snatches)* de conversation que vous entendez pendant une soirée. Complétez chaque phrase par le pronom démonstratif convenable.

   1. Cet examen n'était pas trop dur, mais _____ du mois dernier était une horreur.

   2. De tous mes cours, mes cours de français et d'histoire sont _____ qui m'ont vraiment plu.

   3. Prenons deux voitures, la mienne et _____ de Paul.

   4. Nos places? _____ qui sont là-bas, à côté de la fenêtre!

   5. Cette voiture est _____ qu'il a achetée en France.

K. Voiture de rêve. Voici un exemple de publicité pour une nouvelle voiture qui invite au rêve et à l'évasion. A vous maintenant d'imaginer un texte publicitaire de dix phrases, concis et attrayant. Vous devez employer des pronoms d'objet direct, des pronoms possessifs et des pronoms démonstratifs.

MODELES   *Cette voiture, vous allez l'utiliser pour tous vos voyages.*
Vous allez remarquez que la nôtre est de loin la moins chère.
Celle-ci vous transporte d'un endroit à l'autre en un clin d'œil.

Équipée de série de l'ABS, d'une direction assistée, de deux Airbag, de vitres électriques, du verrouillage centralisé avec télécommande à distance, d'un siège réglable en hauteur ainsi que d'un volant réglable en hauteur et en profondeur, la Nouvelle Fox associe les avantages d'une Volkswagen à un prix plus que raisonnable. De plus, dans la catégorie petite citadine, la Nouvelle Fox est une vraie quatre places avec comme particularité une banquette arrière coulissante sur 15 cm permettant de moduler la contenance du coffre au gré de vos besoins. Alors, à moins d'habiter sur une île déserte, sur une banquise au milieu de l'Alaska ou encore dans une navette spatiale, rien ne peut vous empêcher de rouler en Fox.

Nouvelle Fox. 8 990 €.
Il faut vraiment une bonne raison pour ne pas rouler en Fox.

Par amour de l'automobile

_____
_____
_____
_____
_____
_____
_____
_____
_____
_____

La rédaction par étapes

Le voyage de mes rêves. Vous organisez un voyage que vous souhaitez faire avec votre meilleur(e) ami(e). Pour planifier ce voyage, choisissez précisément un pays puis donnez des détails sur ce pays pour justifier ce choix. Ensuite, déterminez votre itinéraire de voyage, les moyens de transport que vous allez utiliser et les réservations que vous devez faire. Déterminez également le budget dont vous avez besoin pour ce voyage.

Etape 1: Mise en train

A. Vous allez réfléchir à toutes les possibilités qui s'offrent à vous et choisir avec soin le pays de vos rêves. Trouvez sur Internet des détails (géographiques, culturels, historiques) sur ce pays et renseignez-vous sur les moyens de transport (avion, bateau, train, autobus) disponibles pour vous rendre à votre destination ou pour voyager à l'intérieur du pays. Consultez les sites Internet d'Air France et de la SNCF entre autres.

B. Faites une liste de tous les attraits que présente le pays de votre choix.

🌐 **C.** Consultez les horaires possibles et choisissez vos dates de voyage pour faire des réservations virtuelles. Déterminez avec précision votre budget (frais de voyage, hôtels, restaurants, excursions et autres).

Etape 2: S'exprimer par écrit

D. Maintenant que vous avez terminé votre liste et que vous avez vérifié tous les éléments dont vous avez besoin, écrivez à votre meilleur(e) ami(e) pour lui proposer ce voyage et pour lui demander de vous accompagner. Votre lettre doit être éloquente pour lui donner vraiment envie de partir avec vous et elle doit être aussi précise et détaillée que possible.

Utilisez les rubriques suivantes dans le **Système-D:**

Phrases: expressing an opinion, comparing and distinguishing, planning a vacation

Vocabulary: traveling, means of transportation, geography, directions & distance

Grammar: possessive pronouns, object pronouns

▷ A l'écran!

Les transports et la technologie

A. Préparons-nous. Avant de visionner le segment sélectionné pour cet exercice, répondez aux questions suivantes.

1. Aimez-vous voyager? Pour quelles raisons?

   _____

   _____

2. Avez-vous fait beaucoup de voyages? Si oui, dans quels pays? Sinon, quels pays vous intéressent?

   _____

   _____

3. Quel est le voyage dont vous avez gardé le meilleur souvenir? Pourquoi?

   _____

   _____

4. A votre avis, est-il nécessaire de voyager? Pourquoi?

   _____

   _____

5. Avez-vous le souvenir d'un voyage catastrophique que vous avez fait (ou que quelqu'un que vous connaissez a fait)? Décrivez ce voyage.

   _____

   _____

Vous avez compris?

B. Vrai ou faux? Après avoir visionné ce segment au moins deux fois, indiquez si les affirmations suivantes sont vraies (**V**) ou fausses (**F**).

_____ 1. Claire-Anse ne se sent pas très bien aujourd'hui.

_____ 2. Claire-Anse a passé la soirée avec un homme qui travaille au Louvre.

_____ 3. Claire-Anse a été obligée de payer le repas.

_____ 4. Pour Elodie, la Toscane est un endroit de rêve.

_____ 5. Elodie souhaite partir au Maroc.

_____ 6. Il y a de belles plages de sable aux Canaries.

_____ 7. Les Québécois passent souvent leurs vacances à l'Ile Maurice.

_____ 8. Elodie collectionne les capsules de bouteilles pour gagner un concours.

_____ 9. Le premier prix est un voyage tout compris.

_____ 10. Claire-Anse connaît bien la Guadeloupe.

C. Questions. Regardez à nouveau ce segment vidéo et répondez aux questions suivantes par une phrase complète.

1. Pourquoi Claire-Anse a-t-elle passé une mauvaise soirée?

   _____

   _____

2. Que lui propose Elodie pour lui changer les idées?

   _____

   _____

3. Est-ce que les gens aiment passer leurs vacances dans leur pays d'origine? Expliquez.

   _____

   _____

4. Qu'est-ce qu'il faut envoyer pour le tirage au sort du concours Perrier?

   _____

   _____

5. Quels endroits de la Guadeloupe Claire-Anse voudrait montrer à Elodie?

   _____

   _____

D. A vous la parole!

1. Pour quelles raisons est-il important de prendre des vacances?

   _____

   _____

2. Parmi les pays dont vous entendez parler dans ce segment vidéo, lequel vous fait le plus rêver? Pourquoi?

   _____

   _____

3. Avez-vous un souvenir de voyage inoubliable? Lequel?

   _____

   _____

4. Pour vous, est-il plus important de bien préparer en détail votre voyage ou plutôt de partir à la découverte et à l'aventure? Expliquez pourquoi.

   _____

   _____

5. On dit que «les voyages forment la jeunesse». Etes-vous de cet avis? Justifiez votre réponse.

   _____

   _____

Chapitre 8

A la fac

Activités orales

Pour mieux comprendre

🔊 CD4-17

L'importance du bac. Ecoutez attentivement la conversation entre Marc et Dominique, puis faites les exercices suivants. Vous pouvez écouter la conversation plusieurs fois, si cela est nécessaire.

A. Compréhension générale. Cochez (✓) la réponse correcte aux questions suivantes.

☐ oui ☐ non 1. Est-ce que Marc sait comment s'inscrire à l'université?

☐ oui ☐ non 2. Est-ce qu'on peut s'inscrire sans passer le bac?

☐ oui ☐ non 3. Y-a-t-il plusieurs types de bac?

☐ oui ☐ non 4. L'université offre-t-elle un choix de spécialisations?

☐ oui ☐ non 5. Est-ce que le bac comprend une seule épreuve?

☐ oui ☐ non 6. Est-ce qu'on passe le bac en terminale?

☐ oui ☐ non 7. Est-ce qu'on réussit au bac facilement?

☐ oui ☐ non 8. Dominique a-t-elle eu une bonne moyenne?

☐ oui ☐ non 9. Réussit-on toujours au bac la deuxième fois?

☐ oui ☐ non 10. Dominique trouve-t-elle l'inscription compliquée?

B. Choisissez la bonne réponse. D'après cette conversation, choisissez la bonne réponse pour compléter les phrases suivantes.

1. Avant d'être acceptée à l'université, Dominique (a passé un concours / a été reçue au bac / a fait une classe préparatoire).

2. Elle fait une spécialisation en (anglais / économie / sciences sociales).

3. D'après Dominique, les épreuves du bac sont (faciles / difficiles / impossibles à réussir).

4. Dominique a eu une moyenne de 14,5 (en terminale / à l'épreuve orale / à l'épreuve écrite).

5. Avec une moyenne entre 8 et 10, on (est reçu au bac / doit passer les épreuves orales / doit repasser le bac l'année suivante).

6. (Très peu / Cinquante pour cent / La plupart) des élèves réussissent au bac la première fois qu'ils le passent.

C. Compréhension détaillée. Ecoutez la conversation encore une fois. Complétez les phrases suivantes pour résumer les détails les plus importants du dialogue.

1. Pour s'inscrire définitivement à l'université, il faut...

_____.

2. Pour réussir au bac, il faut...

_____.

3. On doit passer l'oral si...

_____.

4. On peut passer l'oral si on a une note à l'écrit entre...

_____.

5. Le pourcentage d'échec est d'environ...

_____.

6. Si on rate le repêchage, on doit...

_____.

7. L'année suivante, beaucoup d'élèves...

_____.

8. Après le bac, quand on se rend à l'université, il faut...

_____.

D. Repérage grammatical. Voici quelques formes verbales que vous avez entendues au cours de la conversation précédente. Indiquez l'infinitif de chaque forme verbale.

1. a fallu _____

2. fasses _____

3. puissent _____

4. doivent _____

5. reçus _____

6. soient _____

🔊 CD4-18

E. Pour passer un an dans une université américaine. Ecoutez attentivement la conversation suivante entre Nathalie et André. Ensuite complétez chacune des phrases de façon logique.

1. Le père d'André veut qu'il...

    a. suive un cours de civilisation américaine.   c. parte étudier aux Etats-Unis.

    b. passe un diplôme français.

2. Nathalie est contente qu'André...

    a. aille en Amérique.   c. hésite à partir.

    b. ait choisi une université.

3. Nathalie ne pense pas qu'André...

    a. puisse s'inscrire facilement.   c. ait beaucoup de problèmes d'inscription.

    b. sache comment s'inscrire.

4. André a peur que les études aux Etats-Unis...

    a. coûtent trop cher.   c. n'aient pas d'équivalence en France.

    b. soient trop difficiles.

5. André pense que ce n'est pas la peine qu'il...

    a. aille en Amérique après tout.   c. trouve une bonne bibliothèque.

    b. essaie de s'inscrire officiellement.

F. Repérage lexical. Ecoutez à nouveau la conversation précédente. Ensuite, complétez chaque phrase avec la forme convenable d'un mot ou d'une expression de la liste. Attention: Certains mots ne conviennent pas!

Mots et expressions: faire des études, spécialisations, assister à, frais d'inscription, s'inscrire, passer les examens de licence, obtenir des renseignements, suivre un cours, unités de valeur

1. Je vais _____.

2. En ce moment, je _____ de civilisation américaine.

3. Je ne sais pas dans quelle université je vais _____.

4. Ce qui coûte très cher, ce sont les _____.

5. Les _____ américaines ne comptent pas en France.

A vous la parole!

🔊 CD4-19

G. A votre tour. Vous parlez de la vie universitaire avec un étudiant français. Il est curieux et s'intéresse à vos activités académiques. Répondez à ses questions avec précision.

MODELE   VOUS ENTENDEZ: Avez-vous un cours dans un amphithéâtre?

             VOUS DITES: *Oui, j'ai un cours dans un amphithéâtre.*

                OU *Non, je n'ai pas de cours dans un amphithéâtre.*

(Numéros 1 à 7)

🔊 CD4-20

H. J'en doute. Votre ami Robert et vous avez une amie commune, Chantal, qui fait toujours tout à la dernière minute. Robert vous dit ce que Chantal a l'intention de faire, mais vous avez des doutes. Répondez à Robert en commençant chaque phrase par **je doute que** et en utilisant le subjonctif.

> MODELE   Vous entendez: Elle va à la conférence demain.
>   Vous dites: *Je doute qu'elle aille à la conférence.*

(Numéros 1 à 5)

🔊 CD4-21

I. Les expressions idiomatiques. Thomas vous a téléphoné pour bavarder *(to chat)* un peu. Employez **je suis content(e) que, je suis surpris(e) que** ou **j'ai peur que** et l'expression idiomatique donnée pour réagir à ses commentaires.

> MODELE   Vous entendez: Je ne veux pas m'inscrire à la fac tout de suite.
>   vous lisez: ne pas faire de demande d'inscription
>   Vous dites: *Je suis surpris(e) que tu ne fasses pas de demande d'inscription.*

    1. faire des études aux Etats-Unis   4. apprendre un poème par cœur

    2. sécher le cours   5. être reçue au bac

    3. prendre une décision

🔊 CD4-22

J. Je m'excuse! Un étudiant dans votre cours a été absent deux fois de suite et il appelle son professeur. Ecoutez bien ses questions et commentaires, puis jouez le rôle du professeur en utilisant le subjonctif.

> MODELE   Etudiant: J'aimerais prendre rendez-vous.
>   Professeur: Il vaut mieux que *vous preniez rendez-vous.*

    1. Il se peut que   4. Il est essentiel que

    2. Bien sûr, il va falloir que   5. Il n'est pas évident que

    3. Il est important que

🔊 CD4-23

K. Qu'est-ce qu'elle fait maintenant? Répondez aux questions que Robert vous pose sur Chantal en suivant le modèle proposé. Attention! Vous devez décider chaque fois si vous devez employer le subjonctif ou non.

> MODELE   Vous entendez: Est-elle venue en cours hier?
>   Vous lisez: Oui, je pense que...
>   Vous dites: *Oui, je pense qu'elle est venue en cours hier.*

    1. Oui, il est certain que...   4. Oui, il semble que...

    2. Non, je ne suis pas sûr(e) que...   5. Oui, il est essentiel que...

    3. Non, je ne crois pas que...

CD4-24

Proverbe

Vous allez entendre un proverbe français. Choisissez la phrase qui explique le sens de ce proverbe.

A cœur vaillant *(brave)* rien d'impossible.

a. Il faut avoir du cœur dans la vie.

b. Le courage rend tout possible.

c. La valeur n'est jamais perdue.

d. Sans courage, la vie devient très difficile.

 CD4-25

Francophones en direct

Les études supérieures en France. Ecoutez l'interview suivante avec Emily qui nous parle de ses études à Paris. Ensuite, complétez les phrases de façon logique. Vous pouvez écouter l'interview plusieurs fois, si cela est nécessaire.

1. Après le bac, Emily...
   a. a fait une double maîtrise.
   b. est entrée en classes préparatoires.
   c. a reçu un DEUG.

2. Emily s'est spécialisée en...
   a. sciences.
   b. littérature.
   c. économie.

3. En général, l'après-midi Emily...
   a. faisait des travaux dirigés.
   b. suivait un cours magistral.
   c. n'allait pas en cours.

4. Pendant un cours magistral, les étudiants...
   a. font des exercices pour appliquer ce qu'ils ont appris.
   b. prennent beaucoup de notes.
   c. travaillent en groupes.

5. Pour s'inscrire à la fac, il n'est pas toujours nécessaire de...
   a. remplir un dossier d'inscription.
   b. présenter des papiers d'identité.
   c. passer un concours.

6. Le coût des études supérieures en France est...
   a. à peu près le même qu'aux Etats-Unis.
   b. plus élevé qu'aux Etats-Unis.
   c. moins élevé qu'aux Etats-Unis.

7. En général, les étudiants en France habitent...
   a. dans une chambre de bonne.
   b. chez leurs parents.
   c. dans un appartement.

8. Emily trouve que le système universitaire en France n'est pas assez...
   a. rigide.
   b. spécialisé.
   c. flexible.

9. Avant de venir en France, Emily suggère que les étudiants étrangers fassent des recherches et...
   a. choisissent leur majeure et une mineure.
   b. comprennent les différences entre le système français et le système américain.
   c. trouvent où se loger.

10. Emily recommande que les étudiants étrangers en France parlent aux étudiants français et...
    a. établissent un contact avec leurs professeurs.
    b. habitent avec une famille française.
    c. suivent un cours d'orientation.

Vocabulaire utile

à partir de *from*
des travaux dirigés *supervised work*
plus réduits *smaller*
les démarches *the steps*
il suffit de *all that's necessary is*
la filière *the course*
remplir *to fill out*
prévoir *to forsee*
une chambre de bonne *a small room at the top of a building, used by a house servant in past centuries*
améliorer *to improve*
que ce soit *whether it be*

CD4-26

Prononcez bien!

Les semi-voyelles

En français, il existe trois semi-voyelles: [j], [w] et [ɥ]. Elles sont toujours précédées ou suivies d'une voyelle.
A l'oral, elles s'unissent à cette voyelle pour ne former qu'une syllabe.

> MODELES lion [ljɔ̃]   moi [mwa]   huit [ɥit]

La syllabation et les semi-voyelles

A l'oral, lorsque deux voyelles se suivent, elles forment deux syllabes distinctes (voir l'enchaînement vocalique,
Chapitre 4); la semi-voyelle accompagnée d'une voyelle ne forment qu'une syllabe. Regardez bien les modèles suivants.

MODELES

2 voyelles = 2 syllabes	1 semi-voyelle + une voyelle = 1 syllabe
Pas <u>si on</u> anime.	La pas<u>sion</u> anime.
Tu l'as <u>lu i</u>ci?	Tu l'as <u>lui</u> aussi.
Là <u>ou i</u>ci?	Là, <u>oui</u> si tu veux.

 CD4-27

A votre tour!

A. Ecoutez les phrases suivantes et indiquez le nombre de syllabes dans chacune d'elles.

	2 syllabes	3 syllabes	4 syllabes
MODELE Lie le lion.		✓	
1. Tout arrive!			
2. Il lit «on».			
3. Oui, sors!			
4. Toi, tu arrives?			
5. Où il sort?			

 CD4-28

La semi-voyelle [j]

B. Ecoutez et répétez les phrases suivantes.

1. C'est bien, monsieur!

2. Le bachelier connaît sa matière.

3. C'est un dossier pour les premiers conseillers.

4. Il travaille à son deuxième recueil.

5. Elle améliore sa moyenne.

🔊 CD4-29

La semi-voyelle [w]

C. Ecoutez et répétez les phrases suivantes.

1. Il faut que nous soyons prêts dans trois mois.
2. Moi, je vais recevoir les devoirs.
3. Tu crois échouer à ta classe préparatoire?

4. C'est un emploi provisoire.
5. Je vois l'intersection au loin: je prends à droite?

🔊 CD4-30

La semi-voyelle [ɥ]

D. Ecoutez et répétez les phrases suivantes.

1. Pour lui, c'est gratuit.
2. Je souhaite qu'il puisse finir pour juin.
3. Il y a trop de bruit la nuit!

4. Tu lui traduis le mot «fruit».
5. C'est ennuyeux de conduire sous la pluie.

🔊 CD4-31

E. Cochez le temps du deuxième verbe que vous entendez dans chacune des phrases suivantes.

	présent de l'indicatif	présent du subjonctif
MODELES Il est important que vous preniez des vacances. Il dit que vous prenez des vacances en juin.	✓	✓
1.		
2.		
3.		
4.		
5.		
6.		

🔊 CD4-32

F. Répondez aux questions suivantes d'après le modèle.

MODELE   Qui va traduire le texte?
Toi. Il faut que tu traduises le texte.

1. Qui va travailler ce soir?
2. Qui va conduire la voiture?
3. Qui va recevoir les invités?

4. Qui va voir ce film?
5. Qui va à la bibliothèque demain?

Activités écrites

Structures et vocabulaire actif

🔊 CD4-33

Dictée

Le parcours du combattant. La première année dans une université française présente plusieurs difficultés aux nouveaux étudiants. Vous allez entendre le passage suivant trois fois. La première fois, écoutez simplement, la deuxième fois, écrivez et la troisième fois, vérifiez attentivement votre texte.

_____

_____

_____

_____

_____

_____

_____

_____

_____

A. La vie d'étudiant n'est pas toujours rose! Votre colocataire et vous discutez avec une amie de tous les changements que la vie universitaire a apportés dans votre vie. Elle est plutôt pessimiste et voit tout de façon négative. Utilisez le subjonctif au présent pour compléter ses commentaires.

MODELE   Je doute que cette année *soit* intéressante. (être)

1. Il faudra que vous _____ tous les cours. (suivre)

2. Je ne pense pas que nous _____ le temps de sortir beaucoup. (avoir)

3. Il faudra que j' _____ aux conférences aussi. (aller)

4. Les professeurs voudront que je _____ mes copies à temps. (remettre)

5. J'ai peur que nos profs ne nous _____ trop travailler. (faire)

6. Pour qu'on _____ réussir, il ne faudra pas sécher les cours. (pouvoir)

7. Dommage que nous _____ notre jeunesse à l'université! (passer)

8. Je ne crois pas que tu _____ comment te débrouiller. (savoir)

9. Il ne faudra pas que vous _____ les travaux pratiques. (sécher)

10. Il est possible qu'on _____ une année très difficile. (vivre)

B. Un camarade de classe. Vous avez un ami français dans votre cours de commerce international et il s'inquiète beaucoup avant le premier examen. Complétez ses phrases avec les formes verbales appropriées au subjonctif ou à l'indicatif selon le contexte.

MODELE   J'espère que le prof *sait* que j'ai beaucoup bouquiné. (savoir)

Il est douteux que tout le monde *reçoive* une bonne note. (recevoir)

1. Penses-tu que l'examen _____ très long? (être)

2. Le professeur doute que je _____ tout comprendre. (vouloir)

3. Mais comment veux-tu que je _____ absolument chaque mot? (comprendre)

4. Je veux que tes copains et toi, vous m'_____ un peu la veille de *(the day before)* l'examen. (aider)

5. Mes parents ne doutent pas que je _____ réussir cette année aux Etats-Unis. (pouvoir)

6. Je ne crois pas que le dernier chapitre _____ partie de cet examen. (faire)

7. Es-tu surpris(e) que j' _____ le trac? (avoir)

8. Je pense qu'à l'examen, on _____ nous poser quatre questions. (aller)

9. Mon prof d'anglais est fâché que nous _____ autant de temps à préparer cet examen. (passer)

10. Je crois pourtant que nous _____ espérer obtenir un bon résultat. (pouvoir)

C. L'apprentissage en France. Vous envoyez un e-mail pour obtenir des informations sur les stages de formation en France. Complétez le paragraphe suivant en choisissant bien entre le subjonctif, l'indicatif ou l'infinitif.

Monsieur, Madame,

Je suis un(e) étudiant(e) qui _____ (**1.** souhaiter) faire une formation professionnelle.

On m'a dit qu'il y a une école qui _____ (**2.** pouvoir) m'offrir une formation accélérée.

Est-ce vrai? Mes parents désirent que je / j' _____ (**3.** obtenir) un diplôme à la fin de

mon séjour. Est-il possible qu'un apprentissage me _____ (**4.** permettre) de trouver

un métier plus facilement? Je doute que le monde de l'entreprise _____ (**5.** être)

accessible sans aucune expérience professionnelle. Qu'en pensez-vous? Merci à l'avance.

D. Il est essentiel... Choisissez un cours que vous suivez ce semestre et complétez les phrases suivantes de façon logique en fonction du cours choisi.

En cours de (d') _____...

1. il est essentiel que nous _____.

2. il vaut mieux que les étudiants _____.

3. il est possible que le professeur _____.

4. c'est dommage que le professeur _____.

5. il est probable que je _____.

E. Voici ce qui m'arrive. Vous écrivez à votre correspondant français. Utilisez les éléments proposés pour lui parler de votre année scolaire. Attention! Choisissez bien entre l'infinitif, l'indicatif ou le subjonctif selon le cas.

MODELE   je / chercher / un(e) autre colocataire / pour / pouvoir mieux étudier
Je cherche un(e) autre colocataire pour pouvoir mieux étudier.

1. Je vais attendre la fin du semestre pour _____.

2. J'aimerais changer de cours bien que _____.

3. Mon copain m'aide afin que _____.

4. Mes parents m'encouragent beaucoup de peur que _____.

5. Je veux changer de spécialisation afin de _____.

6. Je vais beaucoup étudier pendant le reste du semestre pour _____.

7. Je peux mieux étudier quand _____.

8. Je change d'appartement parce que _____.

9. Je n'ai jamais une bonne moyenne en maths même quand _____.

10. Je suis sûr(e) de trouver un emploi si _____.

F. A la recherche de l'idéal. Vous êtes très optimiste et vous voulez vraiment améliorer votre situation présente. Décrivez cette situation (**a**) et dites ce que vous souhaitez (**b**).

MODELE   un ami

    a. *J'ai un ami qui* **est** *très studieux.*

    b. *Je cherche un ami qui* **aille** *souvent au cinéma.*

1. un appartement

    a. _____

    b. _____

2. une spécialisation

    a. _____

    b. _____

3. un livre de français

    a. _____

    b. _____

4. un prof

    a. _____

    b. _____

5. un métier

    a. _____

    b. _____

G. La Sorbonne. Vous faites une visite guidée du campus de la Sorbonne pour la première fois. Certaines des informations vous surprennent. Complétez les phrases suivantes avec la forme appropriée du verbe entre parenthèses.

MODELE   C'est vraiment l'établissement le plus ancien que j'*aie visité*! (visiter)

1. Je crois que Robert de Sorbon est l'homme le plus philantrope que la France _____! (connaître)

2. On m'a dit que c'était la faculté de théologie la plus célèbre qui _____ à cette époque! (exister)

3. Je ne savais pas que cette université était la seule qui _____ les étudiants les plus pauvres à cette période! (accepter)

4. J'ai appris que Richelieu a été responsable de la reconstruction la plus importante que la Sorbonne _____! (subir)

5. On m'a fait remarquer que le dôme de la Sorbonne est un des plus classiques qui _____ construits en France. (être)

H. Mes valeurs. Complétez les phrases suivantes sur les sujets proposés. Choisissez entre le subjonctif et l'indicatif.

LA FAMILLE

1. Je suis content(e) que _____.

2. Quelquefois, je suis triste que _____.

3. Mes parents veulent que _____.

4. Je regrette que _____.

5. Quoique je _____.

MES COPAINS

1. Mes copains désirent souvent _____.

2. Je préfère que _____.

3. J'ai choisi des copains qui _____.

4. Ce sont les seuls personnes que _____.

5. Bien que je _____.

L'UNIVERSITÉ

1. Avant de _____.

2. Il est obligatoire que _____.

3. Il vaut mieux que _____.

4. Il est peu probable que _____.

5. J'ai quelquefois peur de _____.

I. Treize mois pour faire un sujet. Lisez attentivement les huit étapes différentes depuis la création du sujet du bac jusqu'à l'ouverture de l'enveloppe le jour J. Ensuite, expliquez ces différentes étapes en écrivant huit phrases commençant par une expression qui nécessite le subjonctif.

MODELE   *En mai, il est essentiel que le Ministère de l'Education Nationale contacte chaque académie.*

LA BALISE
DE L'EXPRESS
N° 2762   Semaine du 7 au 13 juin 2004

Tous bacheliers ?

13 mois pour faire un sujet

1 — J - 13 mois
En mai de l'année précédente, le ministère attribue à chaque académie un certain nombre de sujets à trouver.

2 — J - 12 mois
En juin, les recteurs de chaque académie forment les commissions qui vont trouver les sujets. Composées de professeurs, elles sont présidées par un inspecteur et un universitaire.

3 — J - 11 mois
Après les vacances, entre septembre et décembre, chaque commission met au point et rend ses sujets.

4 — J - 6 mois
En décembre et janvier, ces sujets sont «testés» par deux professeurs «cobayes» non membres de la commission, qui doivent les traiter en un temps plus court que lors du bac. Ils notent ensuite la faisabilité et l'intérêt du sujet.

5 — J - 5 mois
En janvier et février, les sujets peuvent être modifiés en tenant compte des remarques des professeurs «cobayes». Ils sont ensuite envoyés au recteur.

6 — J - 3 mois
En mars, le recteur choisit le sujet.

7 — J - 2 mois
En avril et mai, le sujet est envoyé aux académies concernées. Il est ensuite imprimé et mis sous pli. Les enveloppes sont placées dans des cartons, eux-mêmes stockés dans des locaux surveillés.

8 — J - quelques jours
En juin, quelques jours avant les épreuves, les cartons sont acheminés dans les lycées, où le proviseur les garde dans son coffre-fort jusqu'à l'heure H.

Les candidats
Baccalauréat général   80 710 ... 326 336
Baccalauréat technologique   188 534 ... 115 029   professionnel 0

Les résultats
Depuis 1970 (admis, en % des candidats)   80,1%   67,2%   63,7%
Baccalauréat général (en 2003, par académies)
Baccalauréat technologique (en 2003, par académies)

Après le bac
Etudes suivies par les bacheliers l'année suivant le bac
Autres 8,4%   DEUG 49%   BTS 24,9%   IUT 10,8%   Classes préparatoires 10,9%

1. _____

2. _____

3. _____

4. _____

5. _____

6. _____

7. _____

8. _____

La rédaction par étapes

Et après? Dans le cadre d'un cours de philo, vous devez expliquer ce que vous attendez de vos études universitaires.

Etape 1: Mise en train

A. Les étudiants qui s'inscrivent à l'université obtiennent un diplôme universitaire après un minimum de quatre ans d'études. Votre tâche est de rédiger une composition pour expliquer comment cette période va vous préparer à la vie active et à l'insertion dans le monde du travail. Vous devrez aussi expliquer comment les étudiants français vivent cette même situation. D'abord, dressez une liste de vos motivations pour aller à l'université, des objectifs que vous désirez atteindre et de vos espérances.

B. Dites si certaines de ces espérances se sont concrétisées ou bien si elles ont changé.

C. Rendez-vous sur le site Web d'*Interaction* pour «visiter» les sites de quelques universités françaises. Cela va vous aider à comprendre ce que les étudiants français attendent de leurs études universitaires et aussi à voir si leurs espérances sont différentes des vôtres. Recherchez sur le site Web les débouchés *(prospects)*, les perspectives de carrière et d'insertion dans la vie professionnelle et les stages de formation offerts par les universités françaises.

Etape 2: S'exprimer par écrit

D. Maintenant que vous avez terminé votre recherche et que vous avez fait la liste de vos motivations, de vos espérances et des objectifs que vous voulez atteindre, présentez votre situation et ensuite, comparez-la à celle d'un(e) étudiant(e) français(e).

Utilisez les rubriques suivantes dans le **Système-D:**

Phrases: expressing opinion and preference, expressing a wish, expressing a desire

Vocabulary: education, university, professions, calendar

Grammar: subjunctive

▷ A l'écran!

A la fac

A. Préparons-nous. Avant de visionner le segment sélectionné pour cet exercice, répondez aux questions suivantes.

1. Pourquoi les étudiants vont-ils souvent travailler à la bibliothèque de l'université?

_____

_____

2. Quel travail de préparation aimez-vous y faire en général?

_____

_____

3. Pour quelles raisons est-il nécessaire de protéger une langue?

_____

_____

4. Attachez-vous beaucoup d'importance à la pureté de votre langue ou acceptez-vous facilement les termes étrangers? Justifiez votre réponse.

_____

_____

Vous avez compris?

B. Vrai ou faux? Après avoir visionné ce segment au moins deux fois, indiquez si les affirmations suivantes sont vraies (**V**) ou fausses (**F**).

_____ 1. Richelieu est le fondateur de l'Académie française.

_____ 2. L'Académie n'est pas ouverte à tout le monde.

_____ 3. Les académiciens sont appelés les «Immortels».

_____ 4. Les académiciens portent tous le même habit.

_____ 5. Seuls des auteurs français peuvent être élus à l'Académie.

_____ 6. La première femme a été élue en 1990.

_____ 7. L'Académie protège la langue française à travers son dictionnaire.

_____ 8. Elodie s'inquiète pour le futur des arts et de la culture.

_____ 9. Olivier trouve inévitable la fuite des cerveaux.

_____ 10. Olivier regrette beaucoup de vivre à son époque.

C. Questions. Regardez à nouveau le segment vidéo et répondez aux questions suivantes par une phrase complète.

1. Que savez-vous sur l'Académie française?

   _____

   _____

2. Y a-t-il eu des auteurs francophones étrangers admis à l'Académie? Si oui, lesquels?

   _____

3. Quel est le rôle principal de l'Académie?

   _____

4. Quels sont les grands chercheurs dont parle Elodie?

   _____

5. Pourquoi Olivier est-il si heureux de vivre à son époque?

   _____

   _____

D. A vous la parole!

1. Que pensez-vous de cette tradition française que représente l'Académie française?

   _____

   _____

2. Quelle est votre attitude vis-à-vis de votre langue?

   _____

   _____

3. Quelle importance accordez-vous à l'art dans vos études?

   _____

   _____

4. Est-ce que la formation continue vous semble essentielle pour être très performant dans la vie? Justifiez votre réponse.

   _____

   _____

5. Imaginez que vous vivez dans un pays où vous ne pouvez pas exercer le métier de votre choix. Allez-vous aller dans un autre pays? Justifiez votre réponse.

   _____

   _____

Chapitre 9
La francophonie

Activités orales

Pour mieux comprendre

🔊 CD5-2

Une Guadeloupéenne en France. Ecoutez attentivement la conversation entre Patrice et Maguy, une étudiante de la Guadeloupe qui étudie en France, puis faites les exercices suivants. Vous pouvez écouter la conversation plusieurs fois, si cela est nécessaire.

A. Compréhension générale. Cochez (✓) la réponse correcte aux questions suivantes.

☐ oui ☐ non 1. Patrice connaît Maguy depuis un certain temps?

☐ oui ☐ non 2. Maguy regrette beaucoup son pays natal?

☐ oui ☐ non 3. Maguy est-elle bachelière?

☐ oui ☐ non 4. Maguy a-t-elle choisi elle-même de venir étudier à Montpellier?

☐ oui ☐ non 5. Le bac a la même valeur en Guadeloupe qu'en France?

☐ oui ☐ non 6. Le créole est la langue officielle en Guadeloupe?

☐ oui ☐ non 7. Maguy parle uniquement la langue française?

☐ oui ☐ non 8. Le bilinguisme est-il fréquent aux Antilles?

B. Quelle est la bonne réponse? Complétez les phrases suivantes d'après la conversation que vous venez d'entendre.

1. Maguy est en France parce qu'elle (est née à Montpellier / travaille au Ministère de l'Education Nationale / est inscrite à l'Université Paul Valéry).

2. Maguy a passé le bac français (en Guadeloupe / à l'Université Paul Valéry / dans un lycée de Montpellier).

3. Tous les Guadeloupéens (ont la nationalité française / parlent créole / doivent passer leur bac en France).

4. Les Guadeloupéens viennent souvent en France pour (apprendre à parler français / faire des études universitaires / obtenir la nationalité française).

5. Patrice pense que (qu') (les Guadeloupéens parlent sans accent / les Guadeloupéens parlent anglais / il a besoin de visiter des pays de la francophonie).

C. Repérage grammatical. Dans la conversation précédente, vous entendez plusieurs verbes qui sont utilisés avec une préposition. Indiquez dans le tableau suivant uniquement les verbes utilisés avec une préposition en écrivant les prépositions qui les accompagnent.

verbe	préposition	verbe	préposition	verbe	préposition
1. connaître	_____	5. envoyer	_____	8. s'habituer	_____
2. décider	_____	6. être heureux	_____	9. croire	_____
3. réussir	_____	7. regretter	_____	10. remarquer	_____
4. s'inscrire	_____				

◄)) CD5-3

D. Les anciennes colonies de la France. Ecoutez attentivement la conversation entre Nathalie et André, puis indiquez si les phrases suivantes sont vraies (**V**) ou fausses (**F**). Vous pouvez écouter la conversation plusieurs fois si nécessaire.

_____ 1. André a déjà posé des questions à Nathalie sur l'Amérique.

_____ 2. Il y a beaucoup d'Africains en France.

_____ 3. La France a toujours d'importantes colonies en Afrique du Nord.

_____ 4. L'influence française a totalement disparu en Afrique.

_____ 5. Beaucoup d'Arabes et d'Africains viennent en France pour trouver du travail.

_____ 6. En général, les étudiants arabes ne parlent pas le français.

_____ 7. En Afrique, le français est encore utilisé dans les universités.

_____ 8. La France offre une formation professionnelle aux étudiants africains.

_____ 9. Il est assez facile de trouver un emploi en France pour un immigrant.

_____ 10. La politique en France est influencée par la présence des immigrants.

E. Compréhension détaillée. Ecoutez la conversation précédente encore une fois. Ensuite, répondez aux questions pour résumer les détails les plus importants.

1. D'où viennent principalement les immigrés qui vivent en France?

_____

2. Où se trouvent les anciennes colonies de la France?

_____

3. Pour quelles raisons les immigrés viennent-ils en France?

_____

4. Quels sont les obstacles majeurs que rencontrent certains immigrés?

_____

5. Qu'est-ce que Nathalie veut mieux connaître?

_____

🔊 CD5-4

F. A l'aéroport. Ecoutez attentivement la conversation suivante entre Françoise et Catherine. Puis indiquez qui dirait *(would say)* chaque phrase, Françoise **(a)**, Catherine **(b)** ou les deux **(c)**.

_____ 1. Je suis contente de te voir!

_____ 2. Je viens d'être reçue au bac.

_____ 3. Je voudrais mieux parler l'anglais.

_____ 4. Je pars en vacances au Maghreb.

_____ 5. J'ai de la famille au Maroc.

_____ 6. Le bac était difficile.

_____ 7. Il va faire très chaud là-bas!

_____ 8. Je compte voir un paysage varié.

_____ 9. Je ne suis jamais allée à Boston.

_____ 10. Oh! On annonce mon vol.

A vous la parole!

🔊 CD5-5

G. Les expressions idiomatiques. Vous rentrez de vacances et votre ami Michel veut savoir comment le voyage s'est passé. Employez les expressions idiomatiques et les prépositions appropriées pour répondre à ses questions.

MODELE   VOUS ENTENDEZ: Tu préfères toujours voyager en train?
              VOUS LISEZ: non / je / ne plus tenir / voyager en train
              VOUS DITES: *Non, je ne tiens plus à voyager en train.*

1. non / je / s'habituer / prendre l'avion

2. oui / je / avoir peur / rater ma correspondance

3. non / je / réussir / monter dans l'avion

4. je / se mettre / lire une bande dessinée

5. je / ne pas vouloir / risquer / penser aux accidents d'avion

🔊 CD5-6

H. Et après? Vous voulez savoir ce que Camille a fait l'été dernier. Posez-lui des questions d'après le modèle.

MODELE   VOUS ENTENDEZ: J'ai fait des études en Suisse.
              VOUS DITES: *Après avoir fait des études en Suisse, qu'est-ce que tu as fait?*

(Numéros 1–5)

🔊 CD5-7

I. Le tour du monde. Vous parlez à votre ami(e) français(e) de vos grands-parents qui ont pris leur retraite et ont fait le tour du monde. En suivant le modèle, retracez leur odyssée en utilisant les prépositions appropriées pour chaque endroit.

MODELE   D'abord, ils sont allés en Italie.
              VOUS ENTENDEZ: Et d'Italie?
              VOUS LISEZ: la Suisse
              VOUS DITES: *D'Italie, ils sont allés en Suisse.*

1. le Danemark

2. la Pologne

3. Moscou

4. la Grèce

5. le Maroc

6. Dakar

7. le Congo

8. le Brésil

9. le Mexique

10. le Canada

CD5-8

J. La Martinique. Votre ami, qui vient de rentrer de la Martinique, vous montre des photos de son voyage. En utilisant le pronom **dont,** combinez les deux phrases en une seule.

MODELE   VOUS ENTENDEZ: Voilà l'île. Nous parlions de cette île.
                 VOUS DITES: *Voilà l'île dont nous parlions.*

1. C'est notre hôtel. Je vous ai parlé de cet hôtel.

2. Voilà un ami. La sœur de cet ami est médecin.

3. Voilà la plage. Je vais me souvenir de cette plage.

4. C'était un beau voyage. J'avais besoin d'un beau voyage.

5. Voilà d'énormes vagues. J'avais très peur de ces vagues.

 CD5-9

K. Sois plus précis, s'il te plaît. Vous discutez avec un ami et vous voulez plus de précisions. Pour chaque information, posez une question en utilisant le début de phrase proposé.

MODELE   VOUS ENTENDEZ: J'ai téléphoné à ma cousine.
                 VOUS LISEZ: Où habite la cousine...
                 VOUS DITES: *Où habite la cousine à qui tu as téléphoné?*

1. As-tu aimé les conférences...

2. Aimes-tu le prof...

3. Où est le magasin...

4. Où habite l'ami...

5. Où est le billet de dix euros...

 CD5-10

Proverbe

Vous allez entendre un proverbe français. Choisissez la phrase qui explique le sens de ce proverbe.

Le monde appartient *(belongs)* à ceux qui se lèvent tôt.

a. Se lever tard est une mauvaise habitude.

b. Le monde n'attend pas ceux qui dorment trop.

c. Il ne faut pas perdre son temps dans la vie.

d. Pour vivre pleinement, il faut se lever de bonne heure.

CD5-11

Francophones en direct

Le français en Haïti. Ecoutez l'interview suivante avec Régine qui nous parle de Haïti. Ensuite, indiquez si les phrases suivantes sont vraies (**V**) ou fausses (**F**). Vous pouvez écouter l'interview plusieurs fois, si cela est nécessaire.

	Vocabulaire utile

Vocabulaire utile
Pourriez-vous *Could you*
puisque *since*
à cause de *because of*
il faudrait dire *it must be said*
se rattacher *to have ties to*
intime *close (as in intimate)*
je dirais *I would say*
s'étendre *to spread*
s'en passer *to do without*
à travers *through*
nous pourrons *we will be able to*

_____ 1. On parle français en Haïti à cause de la présence française dans le pays aujourd'hui.

_____ 2. Régine n'a qu'une langue maternelle, le français.

_____ 3. Le français a toujours joué un rôle très important dans la vie de Régine.

_____ 4. Régine considère le créole comme une langue plus intime que le français.

_____ 5. On utilise de plus en plus l'anglais dans certains domaines en Haïti.

_____ 6. Régine pense que la richesse culturelle de Haïti est en danger.

_____ 7. En Haïti, le créole a perdu de l'importance par rapport au passé.

_____ 8. Il est possible aujourd'hui de faire des études en français ou en créole en Haïti.

_____ 9. Régine pense qu'il faut apprécier l'histoire et la culture de Haïti.

_____10. Haïti a été la première république noire indépendante du monde.

 CD5-12

Prononcez bien!

Le son vocalique [y]

L'opposition des sons vocaliques [y] et [i]

	[y]	[i]
langue	Elle touche les dents inférieures.	
lèvres	Elles sont très arrondies.	Elles sont très étirées.

A votre tour!

A. Ecoutez les paires de mots suivantes et répétez-les.

1. biche, bûche   4. lit, lu

2. si, su   5. mie, mue

3. dit, du

 CD5-13

B. Ecoutez les phrases suivantes, puis répétez chacune d'elles. Ensuite, indiquez combien de fois vous entendez les sons vocaliques [y] et [i].

	[y]	[i]
MODELE Tu as vu la libellule?	**3**	**1**
1.		
2.		
3.		
4.		
5.		
6.		
7.		

CD5-14

L'opposition des sons vocaliques [y] et [u]

	[y]	[u]
langue	Elle est en avant.	Elle est en arrière.
lèvres	Elles sont très arrondies.	

A votre tour!

C. Ecoutez les paires de mots suivantes et répétez-les. Ensuite, indiquez l'ordre où vous entendez les sons vocaliques [y] et [u].

	[y]	[u]
MODELE nous, nu	2	1
1.		
2.		
3.		
4.		
5.		
6.		
7.		

 CD5-15

D. Répondez aux questions suivantes à la forme affirmative en faisant attention au son [y] et aux enchaînements vocaliques.

> MODELE   Tu as eu une surprise dans le Jura?
> *Oui, j'en ai eu une.*

1. Tu as vu une affiche de l'île de La Réunion?

2. Tu as connu une fille au Luxembourg?

3. Tu as reçu une lettre en Tunisie?

4. Tu as bu une bière à Bruxelles?

5. Tu as vu une plage dans le sud de la France?

Activités écrites

Structures et vocabulaire actif

🔊 CD5-16

Dictée

La présence française en Amérique du Nord. L'influence française est toujours présente dans plusieurs parties de l'Amérique du Nord. Vous allez entendre le passage suivant trois fois. La première fois, écoutez simplement, la deuxième fois, écrivez et la troisième fois, vérifiez attentivement votre texte.

_____

_____

_____

_____

_____

_____

_____

_____

A. Un emploi très intéressant. Pendant votre séjour à Paris, vous faites la connaissance d'une jeune Française qui travaille pour une banque française au Togo. Complétez ses phrases en utilisant une préposition quand il le faut.

MODELE   Je tiens *à* profiter au maximum de cette expérience.

1. Je suis allée _____ travailler au Togo il y a deux ans.

2. J'ai décidé _____ voyager et _____ voir le monde.

3. Je ne regrette pas _____ avoir pris cette décision.

4. Après six mois, je me suis habituée _____ vivre dans cette société.

5. J'essaie toujours _____ m'adapter à la culture indigène.

6. Je commence _____ apprendre _____ beaucoup de choses sur la culture du pays.

7. J'ai réussi _____ me faire beaucoup d'amis parmi les employés de la banque.

8. Je peux encore _____ continuer _____ travailler deux ans au Togo.

9. Je pense _____ rentrer en France dans deux ans.

10. Je vais vraiment profiter _____ cettte expérience à l'étranger.

B. Votre expérience culturelle. Vous êtes en France depuis trois mois et vous écrivez une lettre à votre professeur de français. Complétez votre lettre par les prépositions convenables quand elles sont nécessaires.

Chère Madame (Cher Monsieur),

Me voici bien établi(e) (1) _____ Nice. Je suis arrivé(e) (2) _____ octobre et il est

difficile (3) _____ croire que (4) _____ trois mois, j'ai vécu et étudié

(5) _____ France. J'habite (6) _____ des gens très gentils; ils ont une jolie

maison (7) _____ deux étages, (8) _____ pierre comme la plupart des maisons

dans la région. Il y a peu de maisons (9) _____ bois ici (10) _____ France.

Tout va très bien. Il y a des différences culturelles intéressantes. Dans cette famille, par exemple,

on a une machine (11) _____ laver, une machine (12) _____ laver la vaisselle, un

robot électrique, mais pas de sèche-linge. (13) _____ sécher la lessive, on la met dehors où elle

sèche (14) _____ moins d'une heure. J'ai aussi remarqué que les femmes (15) _____

Nice portent très souvent des robes (16) _____ coton ou même (17) _____ soie, des

jeans et même des tee-shirts, mais presque jamais de shorts comme les femmes américaines dans les

climats chauds. C'est difficile (18) _____ croire, non? (19) _____ cette famille, il

y a une voiture, mais on se promène rarement (20) _____ voiture. On va partout à pied et

on voyage (21) _____ le train. La semaine prochaine, par exemple, nous avons l'intention de

prendre le train pour aller dans leur résidence secondaire (22) _____ Saint-Paul-de-Vence

(23) _____ trois jours. La famille dîne très souvent (24) _____ restaurant et au lieu

d'inviter des amis (25) _____ elle, tout le monde se donne rendez-vous (26) _____

bistro. A propos de nourriture, cette famille mange très bien mais de façon assez différente de la

mienne. Le matin, on prend une tasse (27) _____ café et une tartine. La plupart des membres

de cette famille ne peuvent pas rentrer (28) _____ midi. Ils déjeunent en ville, mais tout le

monde se retrouve à table le soir (29) _____ huit heures pour prendre le souper, une omelette

(30) _____ jambon, par exemple, avec une salade (31) _____ tomates, du pain, du

fromage et un petit verre (32) _____ vin.

Je me suis bien adapté(e) à ces habitudes françaises. L'année scolaire finit (33) _____

juin; (34) _____ six mois, il va donc falloir m'habituer de nouveau aux coutumes nord-

américaines.

C. Les détails de la vie de tous les jours. Complétez chaque phrase par un nom en ajoutant une préposition si c'est nécessaire.

1. J'ai dû payer _____.

2. J'adore jouer _____.

3. J'ai besoin _____.

4. Avec mes copains, on parle _____.

5. Dans la vie, je cherche _____.

6. Je m'intéresse surtout _____.

7. Quelquefois, je me moque _____.

8. Je viens _____.

9. Hier, je pensais _____.

10. Je vais téléphoner _____.

D. Une maison intéressante. Bruno décrit la maison de ses grands-parents. Complétez sa description par les prépositions convenables.

Mes grands-parents ont bâti une maison (1) _____ Corse. Cette maison se trouve

(2) _____ Ajaccio, la ville principale. Il est assez difficile (3) _____ arriver

(4) _____ leur maison parce qu'elle est située (5) _____ un bois, en haut d'une

montagne. Mais en y arrivant, on constate que c'est vraiment quelque chose (6) _____ voir. C'est

une maison (7) _____ deux étages, construite (8) _____ bois et

(9) _____ briques, avec beaucoup de fenêtres (10) _____ verre fumé d'où on a une

vue splendide. On passe (11) _____ la porte et on se trouve (12) _____ l'intérieur

d'une résidence très confortable. Il y a une salle (13) _____ séjour, plusieurs chambres, deux

salles (14) _____ bain, une petite pièce avec la machine (15) _____ laver. Il est

impossible (16) _____ décrire tous les aspects luxueux de cette maison. Et la nature est aussi

très belle. (17) _____ printemps et (18) _____ été, il y a des fleurs et beaucoup de

végétation. (19) _____ hiver, il fait toujours beau. Ils sont très près de Marseille;

(20) _____ quelques heures, ils peuvent y être et ils y vont souvent (21) _____

bateau. Ils vont aussi (22) _____ Paris (23) _____ avion. A mon avis, c'est une vie

idéale. J'espère un jour avoir l'occasion (24) _____ mener le même genre de vie.

E. On a beaucoup voyagé. Un ami québécois vous écrit pour décrire un voyage qu'il vient de faire. Complétez la lettre de votre ami en ajoutant le participe présent ou l'infinitif du verbe entre parenthèses, selon le cas.

MODELE   Nous avions envie de *faire* un voyage. (faire)

1. En _____ la carte, nous avons pris la décision de visiter la France et l'Afrique du Nord. (regarder)

2. Nous avons pu voir beaucoup de jolis paysages en _____ de Paris à Marseille par le train. (aller)

3. C'est un voyage que nous n'avons pas pu faire sans _____. (se fatiguer)

4. En _____ de Marseille, on a commencé à _____ de nouveau la carte. (partir, regarder)

5. Avant d' _____ en Tunisie, nous avons essayé d' _____ un peu d'arabe. (aller, apprendre)

6. En _____, on a parlé de toutes les belles choses qu'on avait vues pendant les vacances. (rentrer)

7. Nous ne pouvions pas nous arrêter de _____ de notre voyage. (parler)

8. Il faudra s'habituer à nouveau à _____ le train-train quotidien. (reprendre)

9. Nous passerons plusieurs soirées à _____ les photos en _____ aux prochaines vacances. (regarder, rêver)

10. Quelle chance de pouvoir _____ tout en _____ le monde! (s'amuser, découvrir)

F. Toujours en voyage. Votre professeur parle de tous ses voyages. Refaites les phrases suivantes en ajoutant les pronoms relatifs convenables.

1. J'ai souvent rêvé de ce pays. Nous avons visité ce pays.

   _____

2. Mardi gras est une grande fête dans ce pays. Mardi gras a lieu en février.

   _____

3. Nous avons acheté le livre. Le guide l'a conseillé.

   _____

4. Voilà ma copine. J'ai voyagé avec cette copine.

   _____

5. Cette ville se trouve dans le Sahara. Le Sahara est en Afrique.

   _____

6. C'est le pays. Ma copine Chantal est partie de ce pays il y a longtemps.

   _____

7. J'ai souvent entendu parler de ce pays. Ce pays est l'un des pays les plus exotiques du monde.

   _____

8. Voilà le guide. Il a beaucoup contribué à rendre le voyage agréable.

   _____

9. Je suis très content(e) du voyage. J'ai fait ce voyage.

   _____

10. Le Niger est un pays du Sahel. Je connais bien ce pays.

   _____

G. Un voyage au Sénégal. Votre professeur de français vient de faire un voyage au Sénégal pendant les vacances. Complétez la description de son voyage par les pronoms relatifs convenables. Ajoutez ce devant le pronom s'il n'y a pas d'antécédent exprimé.

Pendant notre visite du Sénégal, notre guide était une personne (1) _____ m'a vraiment

impressionné(e). Elle s'appelait Lucie et elle savait tout (2) _____ était intéressant au sujet de chaque

ville (3) _____ nous visitions. La compagnie pour (4) _____ elle travaillait s'appelait

«Voyages fantastiques», et c'est un nom (5) _____ lui convenait. Les coutumes (6) _____

Lucie nous a parlé, les curiosités (7) _____ elle a montrées, les routes sur (8) _____ elle

nous a amenés, tout (9) _____ elle nous a expliqué était, en effet, fantastique. Le chauffeur

(10) _____ conduisait notre car était, lui aussi, très amusant. Ils étaient tous les deux des gens

avec (11) _____ on était à l'aise. Tout le groupe avec (12) _____ nous avons voyagé

s'est beaucoup amusé, surtout grâce à Lucie, (13) _____ n'a pas arrêté de bavarder avec nous. Ça a

vraiment été une excursion (14) _____ je vais me souvenir pendant longtemps.

H. Selon moi... Parlez de vous et de vos opinions en complétant chaque phrase par le pronom relatif convenable et vos idées.

1. Paris est une ville _____.

2. J'aime les films _____.

3. Mon / Ma prof de français est une personne _____.

4. Je préfère les émissions _____.

5. Ma famille demeure dans une ville _____.

6. Je suis des cours _____.

7. J'ai une amie_____.

8. Je suis le genre de personne _____.

9. Je suis né(e) dans un endroit _____.

10. Le pire moment de ma vie, ça a été le moment _____.

I. La Charte de la langue française au Québec. Depuis plus de trente ans, la population québécoise entend parler de la loi 101 ou de la Charte de la langue française, sans savoir précisément ce que cette fameuse loi procure comme droits, avantages et obligations! Dans cette capsule, Educaloi (un organisme servant à informer le public sur ses droits et obligations) aborde l'impact de cette loi sur différents aspects de la vie au Québec. Résumez en au moins cinq phrases ce que vous avez appris en utilisant des verbes qui nécessitent une préposition et des pronoms relatifs. Vous pouvez vous aider en lisant la liste de verbes présentés aux pages 318–319 de votre manuel. Utilisez une autre feuille de papier.

■ Qu'est-ce que la Charte de la langue française?

La Charte de la langue française est une loi, adoptée par l'Assemblée nationale du Québec en 1977, dans le but d'assurer la qualité et le rayonnement de la langue française. Elle fait du français la langue de l'Etat, de la loi, de l'enseignement, des communications, du commerce et des affaires ainsi que la langue normale et habituelle du travail.

■ Puis-je exiger d'être servi en français dans un magasin?

Oui. La Charte de la langue française prévoit que tout consommateur a le droit d'être informé et servi en français au Québec.

La loi ne prévoit rien de précis concernant les boîtes vocales des entreprises, mais le refus d'offrir des services en français irait évidemment à l'encontre des droits consacrés par la Charte.

■ Qu'en est-il de la question de l'affichage des commerces?

La Charte prévoit que l'affichage public et la publicité commerciale doivent se faire en français. Mais ils peuvent également être faits à la fois en français et dans une autre langue, pourvu que le français y figure de façon nettement prédominante.

Il existe par contre des situations, prévues par règlement, où l'usage unique d'une langue est permis (exemple: l'affichage public relatif à un congrès destiné uniquement à un public spécialisé ou restreint peut être fait, pendant la durée de cet événement, uniquement dans une autre langue que le français) ou des cas où l'on permet que le français ne soit pas prédominant (exemple: l'affichage public relatif à la santé ou à la sécurité publique peut se faire à la fois en français et dans une autre langue, pourvu que le français y figure de façon au moins aussi évidente).

Notons qu'on ne fait plus de distinction entre l'affichage fait à l'intérieur et celui fait à l'extérieur d'un établissement.

■ Je suis une personne immigrante, puis-je inscrire mon enfant à l'école anglaise?

En principe, non. La Charte prévoit que l'enseignement se donne en français dans les classes maternelles, dans les écoles primaires et secondaires. Certaines exceptions existent quand même, ce sont les suivantes:
- si l'enfant a reçu, en anglais, la majeure partie de son enseignement primaire ou secondaire au Canada;
- si son frère ou sa sœur a fait la majorité de ses études primaires ou secondaires en anglais au Canada;
- si son père ou sa mère a fait la majorité de ses études primaires en anglais au Canada.

Dans les deux premiers cas, le père ou la mère de l'enfant doit avoir la citoyenneté canadienne. Dans le troisième cas, le père ou la mère doit avoir la citoyenneté canadienne, sauf si ses études ont été faites au Québec.

De plus, les enfants qui séjournent de façon temporaire au Québec peuvent être autorisés à recevoir l'enseignement en anglais. Il faut, dans tous les cas, obtenir une autorisation du Ministère de l'Education du Québec.

■ A quoi sert l'Office québécois de la langue française?

L'Office québécois de la langue française a été créé pour définir et conduire la politique québécoise en matière de recherche linguistique et de terminologie et pour veiller à ce que le français devienne, le plus tôt possible, la langue des communications, du travail, du commerce et des affaires dans l'administration et les entreprises.

Concrètement, vous pouvez, par exemple, vous adresser à l'office:
- pour connaître le terme français correct à utiliser dans une circonstance donnée;
- pour vous aider à implanter un programme de francisation dans votre entreprise.

Source: www.educaloi.qc.ca

MODELE   *Cette charte, qui existe depuis 1977, aide à sauvegarder le français.*

La rédaction par étapes

Les raisons pour lesquelles j'apprends le français. Vous avez choisi d'apprendre le français comme langue étrangère et votre université vous demande de rédiger un article pour expliquer les raisons qui ont motivé votre choix. Cet article va aider les nouveaux étudiants à choisir une langue étrangère. Vous devez donc présenter tous les avantages que vous apporte la connaissance d'une langue étrangère, le français en l'occurrence.

Etape 1: Mise en train

A. Vous allez réfléchir à tous les éléments qui sont entrés en jeu au moment où vous avez choisi d'étudier le français (attirance personnelle, influence de la famille ou des amis, avantage pour la carrière professionnelle, désir de voyager en France ou ailleurs en francophonie). Toutes vos motivations doivent être aussi détaillées que possible et elles doivent refléter fidèlement votre choix personnel.

B. Faites une liste de tout ce que vous avez réellement découvert en apprenant le français. Parlez de votre expérience personnelle.

 C. Consultez des programmes d'apprentissage du français sur Internet pour trouver le vocabulaire nécessaire. Radio France Internationale avec sa section «langue française» est un bon exemple de ressources possibles.

Etape 2: S'exprimer par écrit

D. Maintenant que vous avez terminé votre liste et que vous avez vérifié le vocabulaire dont vous avez besoin, rédigez votre article en indiquant précisément les raisons de votre choix, les attentes que vous aviez avant de commencer l'étude du français et vos impressions maintenant que vous l'étudiez. Est-ce que le résultat actuel correspond à toutes vos attentes? Regrettez-vous d'avoir choisi le français? Soyez aussi sincère que possible et parlez de votre expérience personnelle. Utilisez des pronoms relatifs autant que possible.

Utilisez les rubriques suivantes dans le **Système-D:**

Phrases: expressing an opinion, comparing and contrasting, linking ideas
Vocabulary: countries, geography, languages
Grammar: relative pronouns, prepositions

▷ A l'écran!

La francophonie

A. Préparons-nous. Avant de visionner le segment sélectionné pour cet exercice, répondez aux questions suivantes.

1. Trouvez-vous que les Nords-Américains ont l'esprit de contestation? Justifiez votre réponse avec un ou deux exemples.

   _____

   _____

2. Pensez-vous que l'on doit limiter l'immigration? Pour quelles raisons?

   _____

   _____

3. D'après vous, un pays doit-il imposer sa langue à toutes les personnes qui y vivent? Développez votre point de vue.

   _____

   _____

4. Est-ce que la mondialisation va provoquer la disparition des langues régionales selon vous? En quoi?

   _____

   _____

5. Les Français font beaucoup d'efforts pour préserver leur langue. Croyez-vous que ce soit très utile? Expliquez.

   _____

   _____

Vous avez compris?

B. Vrai ou faux? Après avoir visionné ce segment au moins deux fois, indiquez si les affirmations suivantes sont vraies (**V**) ou fausses (**F**).

_____ 1. La manifestation d'aujourd'hui concerne les clandestins.

_____ 2. Youssef s'intéresse à l'expulsion des immigrants.

_____ 3. Selon Madame Dutilleul, la mondialisation est souhaitable.

_____ 4. Les Français ont la réputation d'être très contestataires.

_____ 5. Les clandestins ne sont chassés de leur pays que pour des raisons politiques.

_____ 6. En France, il est difficile de s'intégrer si on ne parle pas la langue.

_____ 7. Elodie est contre l'expulsion des clandestins.

_____ 8. Youssef connaît bien le problème des immigrants.

_____ 9. Youssef n'est pas francophone.

_____ 10. Youssef pense qu'une augmentation des impôts est une bonne solution.

C. Questions. Regardez à nouveau ce segment vidéo et répondez aux questions suivantes par une phrase complète.

1. Pourquoi les Français manifestent-ils aujourd'hui?

   _____

2. Qui sont les «sans-papiers» en France?

   _____

3. Pourquoi les immigrants viennent-ils en France?

   _____

4. Selon Lucas, est-ce que le taux de criminalité est dû principalement à la présence des immigrants? Expliquez.

   _____

5. Quelle solution propose Elodie pour résoudre le problème de la pauvreté?

   _____

D. A vous la parole!

1. Le problème des clandestins n'est pas seulement un problème français. Quelle est la situation en Amérique du Nord?

   _____

   _____

2. Pour quelles raisons les immigrants quittent-ils leur pays?

   _____

   _____

3. Selon vous, un pays doit-il accepter plusieurs langues officielles pour faciliter l'intégration des immigrants? Expliquez votre point de vue.

   _____

   _____

4. Doit-on systématiquement expulser les immigrants clandestins, à votre avis, ou doit-on tenter de les intégrer? Justifiez votre réponse.

   _____

   _____

5. Quelles solutions sont proposées en Amérique du Nord pour l'intégration des immigrants clandestins?

   _____

   _____

Chapitre 10

Découvrir et se découvrir

Activités orales

Pour mieux comprendre

 CD5-17

Dans une agence de voyage. Ecoutez attentivement la conversation entre Mireille et l'agent de voyage puis faites les exercices suivants. Vous pouvez écouter la conversation plusieurs fois, si cela est nécessaire.

A. Compréhension générale. Cochez (✓) la réponse correcte aux questions suivantes.

☐ oui ☐ non   1. Mireille connaît-elle le prix de son voyage à Bruxelles?

☐ oui ☐ non   2. Elle part pour les Etats-Unis le 20 août?

☐ oui ☐ non   3. Hésite-t-elle sur le choix d'un moyen de transport?

☐ oui ☐ non   4. Les étudiants ont-ils droit à une réduction des tarifs?

☐ oui ☐ non   5. La gare du Nord se trouve-t-elle à Bruxelles?

☐ oui ☐ non   6. Mireille veut-elle prendre un aller-retour?

☐ oui ☐ non   7. Le voyage en avion est-il très compliqué?

☐ oui ☐ non   8. Mireille a-t-elle déjà fait de nombreux voyages en France?

☐ oui ☐ non   9. Mireille souhaite ne pas dépenser trop d'argent?

☐ oui ☐ non 10. L'agent est-il très serviable et aimable?

B. Choisissez la bonne réponse. Pour chacune des questions suivantes, entourez d'un cercle la réponse appropriée selon la conversation que vous venez d'entendre.

1. Pourquoi Mireille se trouve-t-elle dans une agence de voyages?

   a. Elle veut acheter un billet d'avion pour les Etats-Unis.

   b. Elle se renseigne sur les billets d'avion et de train pour Bruxelles.

   c. Elle a décidé de prendre le train pour se rendre en Belgique.

2. Quel avantage la carte d'étudiant offre-t-elle à Mireille?

   a. Mireille peut bénéficier d'un moyen de transport sans payer.

   b. Mireille peut calculer elle-même le prix du billet.

   c. Mireille peut payer son billet moins cher.

3. Qu'est-ce qui se passe si on prend le train pour aller de Montpellier à Bruxelles?

    a. Il faut changer de gare à Paris.

    b. Il faut faire plusieurs escales.

    c. Il n'y a pas d'arrêt entre Montpellier et Bruxelles.

4. Que va faire l'employé de l'agence de voyages?

    a. Il va préparer tout de suite le billet de Mireille.

    b. Il va préparer deux itinéraires possibles.

    c. Il va décider pour Mireille.

5. Qu'est-ce qui est le plus important pour Mireille?

    a. Arriver le plus vite possible à Bruxelles.

    b. Faire un voyage économique.

    c. Voyager uniquement en train.

C. Les idées principales. Ecoutez la conversation encore une fois. Ensuite, complétez les phrases suivantes pour résumer les détails les plus importants. (Attention! Vos réponses aux activités A et B peuvent aussi vous aider.)

1. A la fin de l'été Mireille va partir aux _____. Mais, son avion ne part pas de _____ où elle habite. Il part de Bruxelles.

2. Elle se rend dans une agence de voyage parce qu'elle ne sait pas si elle doit prendre un avion ou _____ pour aller à Bruxelles.

3. L'agent lui explique qu'elle peut bénéficier d' _____ sur tous les transports avec _____.

4. Mireille veut que l'agent calcule le prix d' _____ par _____ et en _____.

5. L'agent pense qu'il vaut mieux prendre _____ parce que _____.

6. Mais ce que Mireille désire surtout est _____.

🔊 CD5-18

D. Nous allons faire du camping. Ecoutez attentivement la conversation suivante entre Sophie et Luc. Puis indiquez si les phrases suivantes sont vraies **(V)** ou fausses **(F)**. Vous pouvez écouter la conversation plusieurs fois si nécessaire.

_____ 1. Luc n'a jamais fait de camping sur la Côte d'Azur.

_____ 2. Sophie va partir la semaine prochaine.

_____ 3. Luc veut quelques renseignements avant de se décider.

_____ 4. Toute la bande de copains étudie à la fac.

_____ 5. Le frère de Sophie est étudiant.

_____ 6. Il va falloir toute une journée de voyage pour arriver à Cannes.

_____ 7. Le programme du week-end va être sportif.

_____ 8. Luc n'aime pas beaucoup le poisson.

_____ 9. La marche à pied aide à mieux dormir.

_____ 10. Luc décide d'accompagner Sophie.

E. Quelle réponse choisir? D'après cette conversation, choisissez la bonne réponse pour compléter chacune des phrases suivantes.

1. Sophie, Luc et leurs copains vont passer le week-end (à la plage / à la montagne / dans un gîte rural).

2. Le groupe va être composé des amis (de Sophie / de Philippe, le frère de Sophie / de Sophie et de Philippe).

3. Le groupe va partir (le matin / vers midi / l'après midi).

4. Le groupe a l'intention de (faire du bateau / manger du poisson / beaucoup nager).

5. Luc ne savait pas (que Sophie faisait souvent du camping / que faire du camping pourrait être si agréable / qu'on dormait si bien à la montagne).

F. Repérage grammatical. Dans la conversation que vous venez d'entendre, Sophie et Luc utilisent des expressions verbales au futur et au conditionnel. Dans la liste suivante, cochez uniquement les verbes que vous entendez au futur ou au conditionnel. Vous pouvez écouter le dialogue plusieurs fois si nécessaire.

verbes	futur	conditionnel
1. intéresser	_____	_____
2. entendre parler	_____	_____
3. se passer	_____	_____
4. être	_____	_____
5. étudier	_____	_____
6. partir	_____	_____
7. voyager	_____	_____
8. manger	_____	_____
9. dormir	_____	_____
10. aller	_____	_____

A vous la parole!

 CD5-19

G. Les expressions idiomatiques. Votre colocataire Martine vous parle de ses projets de voyage. Choisissez une phrase de la liste pour répondre à ce qu'elle dit.

MODELE   VOUS ENTENDEZ: Je voudrais faire un voyage en Espagne, mais ça coûte cher.

VOUS DITES: *Il faut que tu fasses des économies.*

Réponses: Il faut que tu fasses des économies.   Il faut que tu fasses une mise au point.
J'ai fait le plein ce matin.   Je vais m'en occuper.
Tu dois en profiter.   Tu peux te faire bronzer à la plage.

(Numéros 1–5)

 CD5-20

H. Et après l'université? Un ami de Thierry lui demande ce qu'il a comme projets après qu'il aura teminé ses études universitaires. Vous jouez le rôle de Thierry et vous répondez à toutes les questions par l'affirmative.

MODELE   VOUS ENTENDEZ: Prendras-tu un poste de prof d'anglais, si c'est possible?

VOUS DITES: *Oui, je prendrai un poste de prof d'anglais, si c'est possible.*

(Numéros 1 à 5)

 CD5-21

I. Une vie différente. Qu'auriez-vous fait si vous n'aviez pas choisi de venir à l'université? En quoi votre vie aurait été différente? Imaginez quelques possibilités en suivant les suggestions proposées.

MODELE   VOUS ENTENDEZ: Qu'est-ce que tu aurais fait si tu n'étais pas allé(e) à l'université?

VOUS LISEZ: travailler pour mon oncle

VOUS DITES: *J'aurais peut-être travaillé pour mon oncle.*

1. chercher un poste à la banque   4. entrer dans le Corps de la Paix

2. me marier   5. faire une carrière dans le cinéma

3. travailler dans une boutique   6. devenir écrivain

 CD5-22

J. Que feriez-vous? Imaginez ce que vous feriez si vous héritiez de dix millions de dollars. Dites ce que vous feriez avec cet argent en suivant les indications données.

MODELE   VOUS ENTENDEZ: Si vous aviez assez d'argent, que feriez-vous?

VOUS LISEZ: construire des maisons pour les pauvres

VOUS DITES: *Si j'avais assez d'argent, je construirais des maisons pour les pauvres.*

1. aider à protéger l'environnement

2. développer un système pour assurer de la nourriture pour les pauvres

3. contribuer à la recherche médicale

4. travailler pour changer le système médical dans ce pays

5. organiser des programmes d'échanges pour améliorer les rapports internationaux

6. créer de nouvelles bourses pour les étudiants

CD5-23

K. Pourriez-vous m'aider? Beth, qui étudie en France cette année, souhaite que sa propriétaire l'aide à préparer un voyage à Londres. Aidez Beth à poser ses questions plus poliment en utilisant le conditionnel au lieu du présent.

> MODELE   VOUS ENTENDEZ: Venez-vous avec moi?
>
> VOUS DITES: *Viendriez-vous avec moi?*

(Numéros 1 à 6)

 CD5-24

Proverbe

Vous allez entendre un proverbe français. Choisissez la phrase qui explique le sens de ce proverbe.

Qui veut aller loin ménage sa monture *(mount [horse])*.

a. Pour faire un long voyage, il faut un moyen de transport confortable.

b. Il vaut mieux bien préparer ses voyages.

c. Si l'on veut voyager loin, il faut être prudent.

d. Il faut prendre bien soin de sa voiture si on veut voyager loin.

 CD5-25

Francophones en direct

Les vacances et le voyage. Ecoutez l'interview suivante avec Christophe, un jeune Belge. Ensuite, répondez aux questions avec des phrases complètes. Vous pouvez écouter l'interview plusieurs fois, si cela est nécessaire.

Vocabulaire utile
acquérir *to acquire*
une ouverture d'esprit *open-mindedness*
prévoir *to plan*
laisser de la place *to leave room*
figé *set*
comprendre *to include*
incontournable *not to be missed*
Flandres *the Flemish-speaking area of Belgium*
Wallonie *the francophone area of Belgium*
brasser les bières *to brew beer*

1. Christophe est-il d'accord avec l'affirmation «les voyages forment la jeunesse»? Pour quelles raisons?

   _____

   _____

2. Comment Christophe préfère-t-il voyager, en couple, avec des amis ou tout seul? Pourquoi?

   _____

   _____

3. Qu'est-ce que Christophe aime découvrir dans les endroits qu'il visite?

   _____

   _____

4. Christophe est-il flexible comme voyageur? Expliquez.

   _____

   _____

5. Comment Christophe se renseigne-t-il sur une région avant de partir?

_____

_____

6. Quel serait le voyage idéal de Christophe?

_____

7. Christophe veut que les touristes connaissent son pays dans son entièreté. Qu'est-ce qu'il veut dire par cela?

_____

_____

8. D'après Christophe, qu'est-ce qu'on devrait visiter en Belgique?

_____

_____

🔊 CD5-26

Prononcez bien!

Le *r* français

En français, pour prononcer le [ʀ], la pointe *(tip)* de la langue touche les dents inférieures, le dos de la langue est relevé et il y a une brève vibration de la luette *(uvula)*.

A votre tour!

A. Ecoutez et répétez les mots suivants.

1. un renseignement   4. la batterie   6. un tarif

2. l'autoroute   5. le séjour   7. intéressant

3. les freins

CD5-27

B. Dites ce que vous ferez pendant vos vacances en utilisant l'infinitif donné. Attention aux **e** muets.

MODELE   se renseigner
            Je me renseignerai.

1. se baigner

2. bricoler

3. se faire bronzer

4. flâner

5. lire

 CD5-28

C. Réjean et Réjeanne sont jumeaux. Elle fera tout ce qu'il veut faire. Donnez la réplique selon le modèle.

MODELE   Il veut devenir bachelier?
            Elle deviendra bachelière.

1. Il veut devenir hôtelier?

2. Il veut devenir boucher?

3. Il veut devenir pâtissier?

4. Il veut devenir casanier?

5. Il veut devenir conseiller?

 CD5-29

D. Qu'est-ce qu'ils feraient s'ils avaient le temps? Répondez aux questions selon le modèle. Attention aux **e** muets.

MODELE   Roberta a rapporté sa revue?
            Si elle avait le temps, Roberta rapporterait sa revue.

1. Rémi a roulé sur l'autoroute?

2. Rita a remplacé ses freins?

3. Rafaël a relu le roman?

4. Renée a refait la randonnée?

5. Renaud a réparé sa résidence secondaire?

Activités écrites

Structures et vocabulaire actif

🔊 CD5-30

Dictée

Le droit aux vacances? La longueur des vacances annuelles accordées aux travailleurs varie selon les pays. Vous allez entendre le passage suivant trois fois. La première fois, écoutez simplement, la deuxième fois, écrivez et la troisième fois, vérifiez attentivement votre texte.

_____

_____

_____

_____

_____

_____

_____

_____

_____

_____

_____

A. Un petit test sur les vacances. Lisez chaque série de mots. Puis, indiquez le mot qui n'est pas logique.

MODELE   une auberge, un hôtel, ~~un séjour~~, un gîte rural

1. se baigner	bricoler	faire de la voile	se faire bronzer
2. un rabais	un tarif réduit	une randonnée	un prix intéressant
3. les moyens	des vacances vertes	des vols-vacances	un forfait vacances
4. tout compris	forfaitaire	casanier	inclus
5. la mise au point	les pneus	les freins	la batterie
6. la réception	l'hébergement	un hôtelier	la pression
7. rouler	signaler	flâner	faire le plein
8. un dépliant	se renseigner	un acompte	le *Guide Michelin*

B. Vos projets d'été. L'étudiant(e) français(e) qui passe l'année scolaire dans votre université vous interroge sur vos projets de vacances. Complétez ses questions en mettant les verbes entre parenthèses au futur. Ensuite, répondez aux questions.

MODELE   Quand est-ce que les cours *finiront*? (finir)
  Ils finiront en mai.

1. Est-ce que tu _____ ton diplôme en mai? (obtenir)

  _____

2. Tes colocataires et toi, combien de temps est-ce que vous _____ sur le campus après la cérémonie de fin d'année? (rester)

  _____

3. Est-ce que tes parents _____ te chercher? (venir)

  _____

4. Tu _____ un voyage pendant l'été? (faire)

  _____

5. Quand tu _____ en France, _____ -tu me voir? (aller, venir)

  _____

6. Après t'être un peu détendu(e), _____ -tu pendant l'été? (travailler)

  _____

7. Qu'est-ce que tu _____ à faire en septembre? (avoir)

  _____

8. Et tes copains, que _____ -ils pendant l'été? (faire)

  _____

9. Quand tu _____ le temps, tu m' _____ , d'accord? (avoir, écrire)

  _____

10. Et dès que tu seras revenu(e) de vacances, tu n' _____ pas de me téléphoner tout de suite? (oublier)

  _____

C. Notre examen. Votre professeur annonce que l'examen de fin d'année est prêt et la classe veut lui poser des questions à ce sujet. Utilisez les termes de la liste suivante et former des questions au futur.

Termes: s'agir de, un amphithéâtre, apprendre par cœur, avoir lieu, commencer, consulter, les derniers devoirs, être, étudier, l'examen écrit, l'examen oral, une moyenne, la note finale, un polycopié, le repêchage, réviser, une salle de classe, terminer, traiter, les temps des verbes, les travaux pratiques

1. _____

2. _____

3. _____

4. _____

5. _____

6. _____

7. _____

8. _____

9. _____

10. _____

D. A la remise des diplômes. Vous rêvez de ce grand jour. Imaginez ce que vous ferez et formez des phrases qui commencent par **quand.**

MODELE   quand le grand jour / arriver
Quand le grand jour arrivera, je serai de très bonne humeur.

1. quand je / obtenir mon diplôme

_____

2. quand le président de l'université / faire son discours

_____

3. quand le photographe / prendre une photo des étudiants

_____

4. quand mes parents / me féliciter

_____

5. quand mes amis et moi, nous / se retrouver ce soir-là

_____

E. Que feras-tu? Votre ami français vous dit qu'il va bientôt passer son bac. Complétez les questions que vous lui posez sur son bac et son avenir en employant le futur.

1. Quand _____ ?

2. Est-ce que cet examen _____ ?

3. Est-ce que tu _____ ?

4. Où _____ ?

5. Est-ce que tes parents _____ ?

6. Qui _____ ?

7. Après que les examens _____ ?

8. A quelle université _____ ?

9. Quelle carrière est-ce que tu _____ ?

10. Combien d'années penses-tu _____ ?

F. Un entretien important. Pendant votre entretien d'embauche avec une entreprise qui a des succursales en France, vous devez parler pendant quelques minutes avec le chef du personnel. Répondez à ses questions par des phrases complètes.

MODELE   Si vous preniez ce poste, où voudriez-vous travailler?
Je voudrais travailler à Lyon.

1. Seriez-vous prêt(e) à vivre et à travailler en France?

_____

2. Partiriez-vous tout de suite?

_____

3. Quel salaire aimeriez-vous avoir?

_____

4. Voyageriez-vous pour l'entreprise, si c'était nécessaire?

_____

5. Dans quels pays et régions francophones iriez-vous volontiers?

_____

6. Où est-ce que vous n'accepteriez pas de voyager pour l'entreprise?

_____

7. Est-ce que vous préféreriez travailler seul(e) ou en groupe?

_____

8. Est-ce que je devrais vous envoyer des renseignements supplémentaires? Lesquels?

_____

9. Auriez-vous la possibilité de commencer à travailler tout de suite?

_____

10. Quand pourriez-vous me donner votre réponse?

_____

G. Une vie très différente. Il y a toujours des choses dans la vie qu'on aurait pu faire autrement. Complétez les phrases suivantes par le plus-que-parfait ou le passé du conditionnel, selon le cas.

MODELE   Si j'étais né(e) il y a cinquante ans, *je ne serais pas allé(e) à l'université.*
          J'aurais travaillé dans un restaurant.

1. Si on m'avait donné un million de dollars, je / j' _____.

2. J'aurais changé d'université si je / j' _____.

3. Si mes parents me l'avaient permis, je / j' _____.

4. J'aurais bien voulu étudier en France si je / j' _____.

5. Si je n'avais pas étudié le français, je / j' _____.

H. Dans une agence de voyages. Après votre année scolaire à Nice, vous allez faire le tour de la France. L'agent de voyages s'adresse à vous. Complétez ses phrases par le temps convenable des verbes entre parenthèses.

MODELE   Il est certain que, quand vous serez de retour à Nice, vous *aurez* besoin d'un peu de repos. (avoir)

1. Quand le semestre _____, serez-vous libre de partir tout de suite? (se terminer)

2. Si vous étiez libre dès le 20 juin, _____ -vous partir le 21? (vouloir)

3. Dès que vous _____ à Marseille, on aura une voiture de location réservée à votre nom. (arriver)

4. Si vous le _____, aimeriez-vous visiter Carcassonne? (pouvoir)

5. Quand vous passerez par la ville d'Albi, _____ -vous à la cathédrale? (aller)

6. Quand vous visiterez la Bretagne et la Normandie, vous _____ des promenades en bateau. (faire)

7. En allant de Rouen vers Reims, si vous le _____, vous devriez visiter la cathédrale d'Amiens. (pouvoir)

8. A Reims, vous aurez l'occasion de goûter du champagne quand vous _____ la visite des caves. (faire)

9. Si je _____ arranger une excursion, ça vous tenterait de visiter les champs de bataille de la Grande Guerre? (pouvoir)

10. Quand vous _____ à Strasbourg, il sera très facile de faire une petite excursion en Allemagne. (être)

11. Quand vous aurez fini votre voyage, vous _____ de nombreux kilomètres. (parcourir)

12. Au moment où vous serez de retour, vos amis _____ leurs vacances d'été. (terminer)

I. Qu'est-ce qui se passerait… ? Pour chaque situation suivante, complétez la question de façon logique en utilisant le présent ou le passé du conditionnel.

MODELE   Votre copain a peur d'échouer à son examen de maths.

Si tu ratais l'examen, *est-ce que tu devrais reprendre ce cours l'année prochaine?*

1. Vous êtes dans le métro à Paris et vous voulez déterminer la façon la plus économique d'acheter un ticket.

Si on voulait acheter un ticket, _____

_____?

2. Vous êtes à Paris et vous devez décider s'il vaut mieux prendre le train ou l'avion pour aller à Marseille.

Si je voulais aller à Marseille, _____

_____?

3. Dans un hôtel à Paris, vous cherchez à avoir un prix spécial pour votre chambre.

Si nous prenions une chambre dans votre hôtel, _____

_____?

4. Vous êtes chez le garagiste et vous voulez déterminer le travail qu'il y a à faire sur votre voiture.

Si je voulais faire réparer ma voiture, _____

_____?

5. Vous êtes dans une agence de voyages et vous voulez savoir la différence de prix entre un voyage en avion et un voyage en train.

Si je voyageais en avion plutôt qu'en train, _____

_____?

J. Quelques voyages. Décrivez ces trois voyages en donnant les détails suivants.

Détails: les curiosités et les activités, la date de départ, la date de retour, la destination, la durée du trajet et du séjour, l'hôtel, les moyens de transport, les préparatifs

1. Mon dernier voyage

_____

_____

_____

_____

_____

2. Mon prochain voyage

_____

_____

_____

_____

_____

3. Mon voyage idéal

_____

_____

_____

_____

_____

K. Faites vos bagages! Regardez attentivement cette publicité qui vous invite à faire vos bagages pour partir en vacances. Et vous, quels sont vos projets? Faites votre propre liste de dix phrases en choisissant votre destination, les activités qui vous plaisent, les choses à emporter ou à acheter pour vos amis et vos parents, sans oublier ce que vous devez faire avant de partir. Vous utiliserez le futur simple pour tous les verbes que vous emploierez.

MODELES   *Je demanderai à ma voisine d'arroser mes plantes.*
                Mes parents se chargeront de venir chercher mon courrier.
                Je partirai passer un mois aux Caraïbes.

1. _____
2. _____
3. _____
4. _____
5. _____
6. _____
7. _____
8. _____
9. _____
10. _____

La rédaction par étapes

Ma vie dans 10 ans. Vous discutez avec un groupe de camarades de votre vie dans une dizaine d'années. En rentrant chez vous, vous décidez d'écrire tout ce que vous souhaitez devenir pour vous en souvenir plus tard et pouvoir comparer la réalité de votre future vie avec vos rêves d'aujourd'hui. Imaginez quelle sera votre future carrière, comment sera votre famille, votre cercle d'amis, quelles seront vos occupations favorites, quels sports vous pratiquerez, quels voyages de rêve vous ferez, quelles seront vos priorités.

Etape 1: Mise en train

A. Vous allez réfléchir à toutes les options professionnelles que vous avez aujourd'hui, à tous les projets d'avenir que vous chérissez depuis longtemps, aux personnes dont la carrière ou la vie en général vous inspire, à ce qui est important pour vous et doit passer avant toute autre considération, au pays dans lequel vous aimeriez vivre... Qui rêvez-vous d'être vraiment et comment pensez-vous réussir à accomplir ce rêve?

B. Faites une liste de toutes les possibilités qui s'offrent à vous et choisissez celles qui vous paraissent les plus attrayantes aujourd'hui en fonction de votre caractère et de vos qualités personnelles.

🌐 **C.** Consultez quelques sites sur Internet pour vous renseigner sur certaines carrières possibles. Visitez virtuellement quelques pays de votre choix pour y examiner les possibilités de travail, les offres d'emploi, le taux de chômage, etc. Vous pouvez aussi lire quelques biographies dans certains magazines français pour y trouver le vocabulaire dont vous avez besoin.

Etape 2: S'exprimer par écrit

D. Maintenant que vous avez terminé votre liste et que vous avez vérifié le vocabulaire dont vous avez besoin, rédigez votre composition en suivant un plan très précis et en vous assurant que la progression des idées et les transitions sont logiques. Soyez aussi imaginatif / imaginative et sincère que possible en exprimant vos espoirs pour votre vie future. Vous utiliserez le futur et le conditionnel.

> **SYSTÈME-D** Utilisez les rubriques suivantes dans le **Système-D:**
>
> **Phrases:** hypothesizing, expressing intentions, sequencing events
> **Vocabulary:** traveling, professions, working conditions
> **Grammar:** future tense, future past, present conditional, past conditional

▷ A l'écran!

Découvrir et se découvrir

A. Préparons-nous. Avant de visionner le segment sélectionné pour cet exercice, répondez aux questions suivantes.

1. Si on vous proposait un voyage gratuit, où aimeriez-vous aller. Pourquoi?

_____

_____

2. Aimez-vous vous déguiser et changer de personnalité pour un soir? Quel déguisement préférez-vous? Pour quelles raisons?

_____

_____

3. Quel artiste (peintre, musicien, écrivain) vous fait rêver de voyage? Quels voyages vous donne-t-il / elle envie de faire?

_____

_____

4. Aimez-vous les soirées improvisées ou préférez-vous les soirées prévues longtemps à l'avance? Expliquez pourquoi.

_____

_____

5. Vous êtes invité(e) à une soirée exotique déguisée. Quel personnage allez-vous être et comment allez-vous vous habiller?

_____

_____

Vous avez compris?

B. Vrai ou faux? Après avoir visionné ce segment au moins deux fois, indiquez si les affirmations suivantes sont vraies (**V**) ou fausses (**F**).

_____ 1. Tante Mathilde est en voyage en Haïti.

_____ 2. Le célèbre peintre français Gauguin a vécu à Tahiti.

_____ 3. Tante Mathilde a envoyé des fleurs à Elodie.

_____ 4. Elodie téléphone à ses amis pour qu'ils viennent voir un match à la télé chez elle.

_____ 5. Olivier trouve qu'Elodie est bien mystérieuse aujourd'hui.

_____ 6. Claire-Anse n'est pas disponible pour aider Elodie.

_____ 7. Les fleurs ont un langage particulier à Tahiti.

_____ 8. Les orchidées sont bon marché.

_____ 9. Les Tahitiens aiment se souvenir de Gauguin.

_____ 10. La soirée-surprise qu'Elodie a organisée est réussie.

C. Questions. Regardez à nouveau ce segment vidéo et répondez aux questions suivantes par une phrase complète.

1. Pourquoi est-ce que Tahiti représente *la dolce vita*?

_____

2. Aujourd'hui est une très bonne journée pour Elodie. Pourquoi?

_____

3. Quel est le projet original d'Elodie?

_____

4. Quelle est la source d'inspiration d'Elodie?

_____

5. Pourquoi Tante Mathilde serait-elle «aux anges» si elle savait ce qui se passe rue de Caulaincourt ce soir?

_____

D. A vous la parole!

1. Que pensez-vous de l'idée d'Elodie? Expliquez votre réponse.

_____

_____

2. Avez-vous déjà été invité(e) à une soirée à thème? Si oui, racontez cette soirée.

_____

_____

3. Est-ce que Tahiti représente aussi un endroit de rêve pour vous? Pour quelles raisons?

_____

_____

4. Imaginez que vous devez organiser une soirée sur un thème artistique. Qu'allez-vous choisir et comment allez-vous vous organiser?

_____

_____

5. L'idée de voyager est toujours exaltante. Pourriez-vous dire pourquoi?

_____

_____